Rote Wolken über Afrika

Oktober '06

Für Familie Ellerholz,

eine kleine Erinnerung an den

3. Steuermann

des FS Gauss

Wolfgang Knopf

© 2005 Wolfgang Knopf
Uferpromenade 5, 18147 Rostock,
Tel. 0381 440 23 17
Alle Rechte vorbehalten
Erschienen im Fotoverlag,
Weinbergerstr. 81, 81241 München
Produktion: www.fotoverlag-online.de
Umschlaggestaltung: D. Neuss,
Druck: mailsandmore,Wien
Produktion: www.fotoverlag-online.de

ISBN 3-927544-70-1

Wolfgang Knopf

Rote Wolken
über Afrika

Legende einer Heilung

Emilia saß auf einem Felsvorsprung hoch über der afrikanischen Savanne. Mit scharfem Blick beobachtete sie die ziehenden Antilopenherden, lauschte dem fernen Grollen der Mähnenlöwen, hob ihre Hand zum Gruß gegen die feuerrote Morgensonne, kniete nieder, nahm einen kleinen, funkelnden Stein vom trockenen Erdboden auf und dachte mit einem befreiten Lächeln: Es ist geschafft, der Tod, die ewige Dunkelheit besiegt.

Sie nahm ihren kunstvoll geschnitzten Speer aus Akazienholz und lief hinunter zum stillen Fluss. Dort standen die kuppelförmigen Lehmbauten ihres Dorfes, umgeben von einer dichten Dornenhecke zum Schutz gegen Löwen und Leoparden.
Zwischen den Zelten brannten kleine Feuer, die Menschen saßen in Gruppen und kauten in Gedanken versunken auf Streifen getrockneten Antilopenfleisches. Emilia suchte den Eingang zu ihrer Lehmhütte, vertrieb mit Hilfe eines Ziegenfelles den beißenden Rauch aus der Behausung, legte sich nieder, schloss die schönen Augen und versank in eine Welt der Träume.

Ihr bronzefarbener Körper glänzte in der Hitze des afrikanischen Tages, langsam hob und senkte sich die zierliche Brust, doch plötzlich wurde ihr Atem immer heftiger, wild zuckten ihre zur Faust geballten Hände, Schweißperlen bildeten sich auf der Stirn, sie öffnete die geschwollenen Lippen zum Schrei, blieb stumm, warf ihren Kopf hin und her, schlug mit beiden Fäusten auf den Boden und blieb dann regungslos liegen.

Ihre Seele begab sich ähnlich den schleierhaften Nebeln des großen Kongo weit in die Vergangenheit.

Da steht ein kleines afrikanisches Mädchen unbekleidet und wehrlos zwischen den schwarzen Rauchfahnen seines brennenden Dorfes. Menschen hetzen ähnlich schreckhaften Pavianen durch die Dunkelheit. Der Rauch verdunkelt den Mond, gespenstisch schlagen rote Feuerzungen in den Himmel, es fallen vereinzelte Schüsse, gefolgt von Salven aus halbautomatischen Gewehren. Die Menschen fallen schreiend zu Boden, graben ihre Hände tief in die Erde, so tief bis das eigene Blut sich mit dem Staub der Savanne vermischt, ein letzter Seufzer, dann Stille. Das Mädchen schaut wie in Trance um sich, erblickt Dutzende dieser Körper stumm im Sand, sieht die Todesschwadronen mit kalten Gewehren und blitzenden Klingen. Große, blutunterlaufene Augen sind auf das Mädchen gerichtet. Zwei muskulöse Arme heben es in den schwarzen Himmel und werfen den wehrlosen Körper auf die Pritsche eines Lasters. Sie landet hart auf hingeworfenen Getreidesäcken. Dann packen sie die Hände des Teufels, Arme wie aus Stahl pressen ihren zierlichen Körper gewaltsam auf die Unterlage. Eine grauenerregende Fratze mit blanken Zähnen, zerfetzten Lippen und großen Nüstern lässt ihre Schweißperlen auf die Stirn des Mädchens tropfen, dann gibt der Dämon seiner Begierde Raum. Das Kind will schreien, doch versagt die Stimme, sie wird bewusstlos.

Als ein kahlköpfiger Aasgeier seinen scharfen Hakenschnabel in den Körper des Kindes schlägt, erwacht es aus seiner Bewusstlosigkeit. Die scharfen Greifer haben schon tiefe Wunden in den Körper gerissen, die mächtigen Schwingen verdunkeln das gleißende Mittagslicht. Die

Augen des Mädchens erfassen sofort die lebensbedrohliche Situation.

Mit beiden Fäusten schlägt sie gegen die Brust des Geiers, bis dieser mit einem schrecklichen Fauchen davonfliegt. Nach einer Atempause sammelt sie ihre Kräfte und erhebt sich vom staubigen Boden. Vor ihr liegt das verlassene, niedergebrannte Dorf ohne Leben. Vereinzelt sieht sie von Geiern übel zugerichtete Körper im Sand, letzte schwarze Rauchfahnen steigen hoch in den afrikanischen Himmel. Die mordende Bande ist wie vom Erdboden verschluckt, so als hätte der Dämon der Finsternis sie in sein Reich zurückgeordert. Das Mädchen schreitet wie auf Federn, kaum den Boden berührend, über die brennende Erde bis zur letzten Hütte vor dem Fluss. Mit beiden Händen bedeckt sie ihr blutverschmiertes Gesicht, um ihre Augen vor dem furchtbaren Leid noch abzuschirmen; dann ganz langsam senkt sie die Arme und starrt auf die leblosen Körper ihrer Familie. Beide Brüder, die Mutter, der Vater, sie liegen in der Mitte der Hütte, verkohlte Holzstämme vom Dach bedecken die schwarzen Gestalten. Sie hebt ihren Kopf, schaut auf die am

Himmel kreisenden Aasgeier und geht langsam hinunter zum Fluss. Dort auf den hellen Sandbänken liegen träge die großen Krokodile. Die Echsen fixieren lauernd den Körper des Kindes, ihre dolchartigen Zähne funkeln todbringend in der Mittagshitze. Das Mädchen weiß, dass ein schneller, sicherer Tod dort auf sie wartet und so blickt sie stumm und trotzig auf das bleierne Wasser des Flusses; dann läuft sie, geleitet von dem Willen zu sterben, auf die Raubechsen zu.

Kurz bevor sie sich in die Fluten stürzt, schrecken die Krokodile auf und schwimmen fluchtartig davon.

Ein weißer Unimog mit roten Kreuzen erschien auf der anderen Seite des Flusses, das metallische Ungetüm stürzte sich in die Fluten und durchquerte mit der Kraft seiner vier gigantischen Reifen die Furt. Der riesige Laster hielt direkt neben dem Kind. Zwei Ärztinnen sprangen aus dem Fahrerhaus, nahmen das Kind auf den Arm und trugen es in die hintere Kabine. Dort befanden sich vier Betten, an den Wänden hingen verschiedene medizinische Geräte, ein Bildschirm, Kabel und Schnüre. Das Mädchen wurde auf einer Pritsche festgebunden und erhielt zwei Infusionen. Die Ärztinnen versorgten die Wunden auf dem Körper mit einer Salbe und umwickelten sie mit Mullbinden. Nach kurzem Aufenthalt wurde die Fahrt fortgesetzt. Der Unimog wühlte sich durch das Flussbett und folgte einem Pfad in der Savanne. Gut, dass das Mädchen am Bett gefesselt war, denn die Kabine bewegte sich wie ein Schiff in schwerer See. Auf einem EKG erschien gleichmäßig der Herzschlag des Kindes, die Maske auf seinem Gesicht versorgte es mit kühlem Sauerstoff. Mit Hilfe eines Funkgerätes sprach eine der Ärztinnen mit einem Koordinator, dann hieß es warten, einfach nur warten. Mit hoher Geschwindigkeit fuhr der Unimog seinem Ziel entgegen, einem Lazarett und Flüchtlingslager am unteren Kongo. Die weite Savanne sollte bald enden, es folgte eine ausgefahrene Piste durch den hohen Regenwald. Das Mädchen hatte den Regenwald niemals betreten, denn dort, so hatte der Stammesälteste im Dorf erzählt, lebten die gewalttätigen Rebellen mit ihren Gewehren. Der finstere Regenwald verbarg die Untaten dieser Männer unter seinen Nebelschleiern. An den nächtlichen Feuern beruhigten sich die Menschen, denn das Böse würde niemals in die Savanne kommen. Niemand im Dorf ahnte die unmittelbare Gefahr bis zu jenem nächtlichen Überfall, bei dem das missbrauchte Mädchen in Bewusstlosigkeit fiel.

Nach zwölf Stunden rastete die Gruppe an einem kleinen Seitenarm des mächtigen Kongo. Es wurden ein Feuer entzündet und zwei Zelte aufgeschlagen. Der Fahrer und die Ärztinnen bereiteten ein schlichtes Mahl zu, das Mädchen blieb aus Sicherheitsgründen in der verschlossenen Kabine des Unimog. Die Infusionen versorgten sie mit dem Nötigsten und stabilisierten ihren Kreislauf, feste Nahrung wäre unter diesen Umständen nur hinderlich gewesen. Das Kind spürte die ersten Wirkungen der heilenden Salbe auf seiner Haut, es schaute noch ein letztes Mal auf den Monitor, der seinen Herzschlag zeigte, obwohl es nicht wusste, das es sein Herzschlag war, dann siegte die Müdigkeit. Eine Herde afrikanischer Waldelefanten querte in der Nacht den Rastplatz auf dem Weg zur Tränke, sonst verlief alles ruhig. Die Gruppe erwachte am nächsten Morgen, verpackte eilig die Zelte und setzte die Fahrt fort. Irgendwann erreichten sie einen Militärposten. Die Soldaten waren freundlich, sie fragten nach dem Wohlergehen der Patientin, dann wurde mit Hilfe einer provisorischen Handpumpe aus drei Fässern Kraftstoff in den Tank des Unimog umgefüllt, der afrikanische Tankwirt mit dem Boxergesicht erhielt für seine Arbeit zwei Stangen Zigaretten. Ohne weitere Fragen konnte die Fahrt fortgesetzt werden. Die Piste zog sich endlos durch den Regenwald, es gab keine Dörfer, keine Menschen. Von Zeit zu Zeit erschienen verschwommen am Horizont die Ruinen alter Festungen, verrostete Lastautos lagen mit zerbrochenen Achsen und eingeschlagenen Scheiben verstreut am Rand der Piste.

Die ältere der beiden Ärztinnen beherrschte, wenn auch gebrochen, die Sprache des Mädchens. Sie hieß Sylvia und kam aus Deutschland. Das Mädchen kannte nur die Savanne, seine Welt endete am Rand des Regenwaldes, Deutschland existierte nicht in seinem Bewusstsein.

Sylvia war sehr erschöpft, doch verdrängte sie die Strapazen der letzten

Tage aus ihren Gedanken und versorgte konzentriert die Wunden des Kindes, streichelte sanft über seine heiße Stirn und hielt lange die kleine Hand. Ihre Mission war gefährlich; sie hatte den Auftrag übernommen, Flüchtlingskinder vor den Fängen der Rebellen zu retten. Diese rekrutierten mit Gewalt alle Jungen ab dem siebten Lebensjahr, Mädchen wurden als nutzlos betrachtet und deren Leben ausgelöscht.

Die Rebellen lebten im Regenwald, mordeten in der Dunkelheit und verbargen sich vor den Verfolgern, bevor die rote Sonne über Afrika erschien. Für die Rebellen gab es weder Gesetz noch das Problem von Gut und Böse, es gab nur Ihresgleichen und den Rest, der vernichtet werden musste.

Sylvia versuchte ihre Gedanken an die unfasslichen Ereignisse in diesem Bürgerkrieg zu verdrängen, in dem vor allem Kinder Opfer grausamer Gewalt wurden. Warum nur all diese Strapazen, das hohe Risiko, der tägliche Kampf gegen die Unmenschlichkeit? Dann sah sie in die Augen des geschundenen Mädchens, strich sich über die Stirn und kam zu dem Schluss, dass es das Risiko wert war, hilflose Kinder vor der tödlichen Bedrohung zu retten.

Sylvia war allein erziehende Mutter einer zwölfjährigen Tochter. Ihr Kind lebte behütet im Herzen Deutschlands. Oft sah sie im Traum ihr Kind am Gartenteich sitzen, den wilden Mohn auf das Aquarellpapier malen, ein blond gelocktes Mädchen mit blauen Augen, Quelle ihrer eigenen Lebenssicherheit. Die Tochter hieß Xenia, wuchs bei den Großeltern auf, zumindest für die Zeit, die sie im ärztlichen Dienst am Kongo verbrachte. Vier Monate Afrika im Jahr; die restliche Zeit des Jahres praktizierte Sylvia in einer Privatklinik, zehn Autominuten entfernt von ihrem Haus.

Der schrille Ton des EKG-Gerätes holte Sylvia in die Realität zurück: Starker Pulsabfall, vermutlich kardiovaskulärer Schock. Sofort injizierte sie eine Ampulle mit Adrenalin. Das Kind schien doch mehr Blut verloren zu haben als ursprünglich angenommen. Sie erneuerte die Infusion und erhöhte den Durchlauf. Hoffentlich kein Wundfieber, dachte sie flüchtig. Der Unimog war für solche Fälle recht gut ausgerüstet. Er verfügte sogar über einen Defibrillator. Doch hier draußen in der Wildnis entschied vor allem die Kondition des Patienten über Leben und Tod. Die Stimme in der „Intercom" rief: „Noch fünfzig Meilen bis zum Lager". Das war eine gute Nachricht, denn nun würden sie wahrscheinlich den Stützpunkt in wenigen Stunden erreichen.

Sylvia schaute aus dem Kabinenfenster und dachte an die Zukunft des Kindes. Im Lazarett würde man das Mädchen noch eine Woche versorgen bis die Wunden geheilt waren; dann Abschiebung in ein Flüchtlingslager. Ohne Eltern, ohne Geschwister und Freunde hätte das Kind in einem solchen Lager keine Überlebenschance. Sie würde auf bloßer Erde schlafen, im Abfall nach Nahrungsresten suchen, um Kleidung betteln, schließlich im Staub des Lagers sterben ohne Grab, ohne Erinnerung. Hier am Kongo überlebte nur der Stärkste, für Schwache, Hilflose gab es kein Erbarmen, keine Hoffnung.

Sylvia hatte das Mädchen vor den Krokodilen am Fluss gerettet, ihr durch die medizinische Versorgung scheinbare Geborgenheit und Schutz gegeben. Sollte sie das Mädchen jetzt auf der Strasse zurücklassen, so wie sie es immer schon mit all den aufgelesenen Kindern getan hatte? Warum diese Gedanken? Sie hatte schon unzählige Kinder mit dem Unimog transportiert, im Lazarett abgeliefert ohne nach der Zukunft dieser Kinder zu fragen. Sie war Ärztin. Ihre Aufgabe war die Zusammenstellung des Untersuchungsbefundes, die medizinische Erstversorgung der aufgelesenen Opfer dieser verheerenden Kriegsführung, nicht das Schicksal der Kinder zu lenken. Langsam öffnete sie den Laptop und betrachtete schweigend die Fotos, die sie mit ihrer Digitalkamera von dem schrecklichen Überfall gemacht hatte: Das verbrannte Dorf des Mädchens, die verstümmelten Leichen. Die blutige Spur der Rebellen entlang des Kongo zu dokumentieren war als so genanntes Beweismaterial für die deutsche Botschaft erforderlich, um die finanziellen Mittel zu rechtfertigen, die für ihre Arbeit freigestellt wurden. Doch ihr ärztliches Handeln ergab keine Lösung der Situation, keine lang wirkende Hoffnung für die Kinder. War der Freitod im Fluss dem langsamen Sterben im Flüchtlingslager vorzuziehen? Sylvia schlug den Laptop zu. Was für verwerfliche Gedanken; oberstes Gebot war Leben zu erhalten, egal unter welchen Umständen, ob hoffnungsvoll oder ohne jede Zukunft. Ein kurzer Blick auf ihre Patientin: Kreislauf stabil, Vital-Werte normal. Sylvia zwang sich durch die enge Schlauchöffnung in das Fahrerhaus. Mike, der Fahrer, schaute stumm auf die Piste. Das Display seines Fahrzeuges zeigte alle erforderlichen Werte an: Öldruck, Bremsdruck, Reifendruck, Kühltemperatur, Reichweite. Er machte seinen Job gut und verantwortungsbewusst. Sicher lenkte er den Unimog durch die afrikanische Wildnis. Für ihn entschied die Technik über Leben und Tod. Also hatte er dafür zu sorgen, dass die Technik funktionierte. Die Patienten in der Kabine interessierten ihn nicht; es waren zu viele, zu viele Schicksale jede Woche. Um seiner Ohnmacht nicht zu erliegen, die er den Rebellen gegenüber empfand, die mit Mord und Brandanschlägen die Bevölkerung terrorisierten, entwickelte er einen Tunnelblick. Seine Welt waren der Unimog und das Navigationsgerät, seine Aufgabe der Transport.

Ohne weitere Zwischenfälle erreichten sie das Lazarett. Es bestand aus fünf großen Zelten mit Betten für die medizini-

sche Versorgung, drei bequemen Schlafzelten für das Personal, zwei Versor-
gungszelten und einem Zelt für die
Kommunikation mit Satellitenschüssel
und Kurzwellengeräten.
Inmitten des Regenwaldes gab es eine
betonierte Landebahn für Transportflug-
zeuge. Da es keine Funknavigation mit
dem Bodenpersonal gab, konnten die
großen Maschinen nur bei guter Sicht
landen, ein Umstand, der die Flugsitua-
tion erheblich verschlechterte, denn der
mächtige Kongo war berüchtigt für seine
ständigen Nebelbänke. Wenn es die
meteorologischen Umstände zuließen,
landete einmal die Woche eine Transportmaschine aus Kinshasa mit Lebens-
mitteln, Medikamenten und Ausrüstungs-
gegenständen. Die meisten Güter
kamen aus Deutschland und Frankreich.
Am nächsten Morgen sollte planmäßig
eine solche Maschine landen.
Sylvia brachte das Mädchen in eines der
Lazarettzelte, informierte den zuständigen Lagerarzt über den Befund und
begab sich sofort zum Kommunikations-
zelt. Sie hatte eine E-Mail aus Deutschland: ... Afrika-Einsatz für dieses Jahr
beendet, Flug morgen nach Kinshasa

und weiter nach Frankfurt, erwarten dich sehnsüchtig ...

Sylvia setzte sich erregt auf den Holzstuhl und holte tief Luft. Es war, als fielen alle Strapazen, Erlebnisse, Abenteuer und alles gesehene Leid mit einem Mal von ihr ab. Der Dienst im Kriegsgebiet war vorüber, Deutschland, die Heimat, wartete. Sie schritt zu den Schlafzelten.

Das erste Mal nach fünf Tagen Einsatz in der Region konnte sie wieder duschen. Keine luxuriöse Dusche, kein warmes Wasser, aber immerhin, eine elektrische Pumpe verteilte das klare Wasser über der staubigen Haut. Versorgt mit frischer Kleidung betrat sie ihre Schlafstätte, schloss die Moskitovorhänge und entspannte sich. In Gedanken war sie schon bei ihrer geliebten Tochter in Deutschland. Neun, vielleicht zehn Stunden Flug genügten, um in einer völlig anderen Welt zu landen, in einer friedlichen Welt, in der sich Wünsche wie von selbst erfüllten, mit einer gesicherten Zukunft und einer Balance aus Erfolg und Zufriedenheit. Tausende Kilometer würden sie dann vom Kongo trennen, dem Kriegsleid, den Rebellen, dem Mädchen, dessen Leben sie gerettet hatte. Sie musste an das verlassene Kind denken, erschrak im Schlaf und wachte von den quälenden Gedanken auf, die sie wieder mit der Realität konfrontierten. Wie weit hatte sie sich schon von Verantwortung und Menschlichkeit entfernt?

Mit welcher Selbstzufriedenheit lag sie in dem frisch bezogenen Bett. Sylvia stand auf und schritt lautlos hinüber zu den Lazarettzelten. Ruhig schlief das Mädchen unter einer gespendeten Decke. Langsam hob und senkte sich der zierliche Brustkorb, die Wunden waren versorgt, der gesundheitliche Zustand nicht mehr kritisch. Sylvia löste die Infusionsnadel, streifte die Decke ab, nahm das schlafende Kind auf den Arm und trug es in ihr Bett. Sie war bereit, in dieser letzten Nacht dem Kind ein mitmenschliches Gefühl entgegen zu bringen und ihm noch einmal durch die körperliche Nähe Sicherheit zu geben. Vielleicht konnte sie damit auch um ihretwillen den eigenartigen Schmerz in der Brust verbannen. Das Kind lag in ihrem Arm, atmete ruhig und schien frei von den Qualen der letzten Tage zu sein. Nach und nach drängten sich Sylvia merkwürdige Gedanken auf, die sie dahin leiteten, die lebendige Tatsache in eine ganz neue Dimension zu übertragen: Ein Geschwisterkind für Xenia? Beide Mädchen waren etwa gleichaltrig, doch Xenia sah viel jünger aus. Das eine Kind war von weißer, das andere von schwarzer Hautfarbe. Worauf es ankam war Liebe. Würde Xenia das schwarzhäutige Mädchen im Elternhaus als neues Familienmitglied annehmen? Konnte das Kind aus der afrikanischen Savanne in Deutschland fröhlich und glücklich werden?

Sylvia fand auf einmal keinen Schlaf mehr; sie ließ sich auf Gedanken ein, die sie in den Teufelskreis des Bürgerkrieges hineinführten. Es war sicher, dass dieses Mädchen in ihrem Arm hier am Kongo durch die mörderischen Verhältnisse sterben würde.

Ein tiefes Mitgefühl regte sich in Sylvia. In Deutschland hätte das verwaiste Kind eine Zukunft, die Adoption wäre mit Sylvias diplomatischen Beziehungen kein Problem, doch wie würde Xenia auf das Paket aus Afrika reagieren? Schon bezeichnete sie das Mädchen in ihrem Arm als Paket, womöglich noch als Virus, um terminologisch deutlich zu machen, dass dessen Herkunft seiner Anpassung in neuer Umgebung im Wege stehen könnte.

Zeigte dieser Fall nicht aber auch, dass die Rettung des Mädchens zur Chance der Integration werden konnte? Sie, Sylvia, hatte entschieden, das Mädchen dem Tod zu entreißen, sie würde für seine Zukunft sorgen und es würde zum Besten für Xenia sein, das Mädchen aus Afrika kennen zu lernen; schließlich war multikultureller Umgang in einer globalisierten Welt erlernbar. Sylvia hielt das schlafende Mädchen im Arm, fest entschlossen seine Zukunft zu lenken, Kompromisse zu schließen und jeden Zweifel an der Ausführung ihres Planes zu begraben.

Am nächsten Morgen landete die Transportmaschine aus Kinshasa mit zwei Stunden Verspätung. Es war ein altes Propellerflugzeug russischer Bauart. Doch viel wertvoller als das Flugzeug war seine Fracht: Lebensmittel und dringend benötigte Medikamente. Der Pilot mahnte eine schnelle Entladung an, da sich das Wetter verschlechtern und Nebelbänke entstehen könnten. Alle Bewohner des Lagers, die noch laufen konnten, halfen bei der Entladung. Es herrschte eine fröhliche Stimmung. Nach einer Stunde war das Flugzeug wieder zum Abflug bereit. Sylvia verabschiedete sich mit Tränen in den Augen von ihren afrikanischen Kollegen. Dann nahm sie das verstummte Mädchen an die Hand und beide bestiegen das Flugzeug. Das Mädchen hatte eine solche Maschine noch nie gesehen. Noch immer stumm betrachtete sie die afrikanische Savanne weit unter sich. Welche magische Kraft hob sie über die Wolken der Sonne entgegen? Nur Medizinmänner und Stammeshäuptlinge schritten nach dem Tod auf dem Weg des Lichtes zu den Ahnen. Warum sie, warum jetzt, da sie lebte, fühlte und atmete? Mit großen Augen und offenem Mund starrte sie aus dem kleinen Fenster auf die vereinzelten Wolken und auf das ferne, weit unter ihr liegende Land, noch immer unfähig zu sprechen.

In Kinshasa wurde Sylvia von Vertretern der deutschen Botschaft empfangen. Das schwarzhäutige Kind brauchte Papiere, um das Land verlassen zu können, Papiere für Deutschland. Es wurden Passfotos gemacht.

Dann fragte ein Diplomat: „Wie lautet der Name des Kindes?" Ohne zu zögern antwortete Sylvia:

„Emilia." So hätte sie ihre zweite Tochter genannt.

Emilia erhielt einen deutschen Reisepass. Das Mädchen aus der afrikanischen Savanne war innerhalb weniger Minuten eine amtlich registrierte Person mit einer Ausreisegenehmigung für Deutschland. Natürlich musste Sylvia für sie bürgen und beim Jugendamt musste die Adoption beantragt werden, doch der erste Schritt war getan. Eine große Boing 747 der Air France hob mit donnernden Triebwerken von den asphaltierten Pisten Kinshasas ab mit Flugziel Paris. Emilia wusste nicht, ob sie dies alles träumte oder sie sich in der Realität befand. Der große Monitor an der Kabinendecke zeigte einen Zeichentrickfilm, die freundliche Stewardess brachte Schokolade. Emilia war völlig verwirrt und so hielt Sylvia beruhigend die Hand ihres neuen Kindes. Doch beschäftigten sich ihre Gedanken schon mit den Problemen der nächsten Wochen. Emilia brauchte ein eigenes Zimmer im Haus, es musste ein Sprachkurs mit Einzelunterricht organisiert und eine geeignete Schule für Emilia gefunden werden. Sie dachte, wie geprägt sind wir Europäer doch von dem Diktat der Zivilisation und wie kompliziert ist das deutsche System, welches Legalität für alle Entscheidungen vorschreibt.

Nach mehreren Stunden landete das Flugzeug in Paris. Ohne wesentlichen Aufenthalt flogen sie mit einer weiteren Maschine nach Frankfurt.

Der Grenzbeamte schaute auf den deutschen Pass des schwarzhäutigen Kindes. Er war freundlich und hieß es willkommen. Am Eingangstor wartete Xenia mit ihrem Großvater auf das Eintreffen der Mutter. Sie hatte rote Rosen im Arm, die tief blauen Augen strahlten beim Anblick von Sylvia. Sie liefen sich entgegen, umarmten und küssten sich lange, dann sagte Sylvia mit leiser Stimme zu Xenia: „Dies ist Emilia, deine neue Schwester aus dem fernen Afrika." Die Mädchen schauten sich an. Die Gegensätze konnten nicht größer sein. Das Staunen über die Fremdartigkeit des Gegenübers löste bald Heiterkeitsausbrüche aus. Sie lachten sich unbefangen an. Ohne zu zögern umarmte Xenia fröhlich das von der Mutter mitgebrachte Mädchen, steckte ihm eine Rose in die krausen Locken und nahm es an die Hand.

Sylvias Anspannung legte sich; Xenia

hatte mit freier Freundlichkeit Emilia begrüßt. Die erste Begegnung der beiden Mädchen signalisierte ihr, dass keine schwerwiegenden Komplikationen zu erwarten waren und sich das gemeinsame Familienleben gestalten lassen würde.

Emilia erhielt vorerst das Gästezimmer bis ein eigenes Kinderzimmer hergerichtet war. Das afrikanische Kind schlief drei Tage und drei Nächte. Einmal am Tag aß es im Halbschlaf etwas Obst, das ihm Xenia auf einem Teller darreichte, kurz suchte es die Toilette auf, doch dann wieder schlafen, nur schlafen.

Sylvia kaufte in der Zwischenzeit die erforderlichen Einrichtungsgegenstände für ein zweites Kinderzimmer, verteilte frische Blumen in Emilias zukünftigem Wohnbereich und backte einen riesigen Schokokuchen als Willkommensgeschenk für das ausgeschlafene Kind.

Darüber hinaus begann sie wieder ihre gewohnte Arbeit als fachkundige Ärztin an der Privatklinik von Professor Sommer auszuüben. Gebannt lauschten die Kollegen den Erzählungen vom fernen Kongo und den Argumenten, mit denen sie ihren Entschluss, das afrikanische

Mädchen zu adoptieren, begründete. Nur einer äußerte schwere Bedenken über ihre Zukunftspläne und das war ausgerechnet ihr Vorgesetzter, Chefarzt Prof. Dr. Sommer.

Bei einem langen Spaziergang durch den in der Nähe des Klinikums liegenden Rosengarten versuchte er sachlich, Sylvia, deren Fachlichkeit er sehr schätzte, seine Bedenken über ihr unvernünftiges Handeln darzulegen und sie umzustimmen. Für ihn galt als oberste Regel:

Beruf und Familie waren strikt zu trennen.

„Dein Arbeitsvertrag beinhaltete die Mission, im Grenzgebiet des Kongo Flüchtlinge medizinisch zu versorgen, nicht, sie nach Deutschland zu holen und zu adoptieren."

Er konnte Sylvias Emotionen, dem Kind, das sie persönlich in letzter Minute vor dem Tod gerettet hatte eine Zukunft geben zu wollen, nicht verstehen. „Hoffentlich hast du dir nicht eine Kuckucksbiene ins Nest geholt", waren seine letzten eindringlichen Worte.

Sylvia fuhr nach dem ersten Arbeitstag erschöpft nach Hause, begrüßte mit einem Wangenkuss beide Mädchen und versprach, eine leckere Gemüse-Pizza zu backen. Zu Gast war eine mit Sylvia befreundete Logopädin und Privatdozentin an der sprachwissenschaftlichen Fakultät der hiesigen Universität. Obwohl Frau Moritz kein Wort, das aus dem Mund der kleinen Afrikanerin kam, verstand, war sie bereit, Emilia die deutsche Sprache in Wort und Schrift beizubringen. Während Sylvia am Herd stand, arbeitete Frau Moritz einen Stundenplan für Emilia aus. Allen war klar, dass Emilia erst einmal die Sprache in ihrem neuen Umfeld erlernen musste, bevor man sie auf eine Schule geben konnte. Jeden Tag sollte nunmehr Frau Moritz Emilias Ausbildung über viele Stunden begleiten. Zeitlich festgelegt wurden auch Erholungsphasen, in denen beide Mädchen spielen oder in der Nachbarschaft zum Ponyreiten gehen durften.

Als alles abgesprochen war, versammelten sie sich um den Esstisch und verzehrten Sylvias frische Pizza mit großem Appetit. Danach wurde Frau Moritz verabschiedet. Die Mädchen zogen sich in ihre Zimmer zurück.

Emilia, inzwischen zu vollen Kräften gekommen, lag lange Zeit wach in ihrem neuen Bett, starrte an die blaue Decke und versuchte das Geschehene der letzten Wochen und Tage zu verarbeiten.

Alles war verloren: Die Familie, das Dorf, die Heimat am großen Fluss, die afrikanische Savanne, das nächtliche Prasseln der Lagerfeuer zwischen den Hütten. Ein neues Zuhause hatte ihr eine deutsche Ärztin gegeben, die mit wachem Blick den kindlichen Todeswillen am Fluss spontan erahnt und mit sicherer Hand das Mädchen in das Leben zurückgeholt hatte. Emilia schauerte es bei dem Gedanken an die Krokodile. Was konnte ihr Deutschland in nächster Zukunft bedeuten? Sylvia hatte eine große Weltkarte neben dem Bett aufgehängt, darauf befanden sich zwei rote Kreise. Der eine Kreis lag im westlichen Afrika, der andere Kreis im Herzen Europas. Beide Kreise waren verbunden durch eine rote Linie – das war der Weg, den das stählerne Ungetüm durch die Lüfte genommen hatte. Emilia zwickte sich in den Arm, um zu prüfen, ob sie dies alles nur träumte. Tatsächlich gab es für sie kein zurück mehr. Sie nahm die hölzerne Puppe in den Arm, gab ihr einen Kuss und murmelte in der Sprache ihres Volkes: „Wir werden überleben."

Am nächsten Morgen fuhren Sylvia und Xenia mit dem Auto davon. Kurze Zeit später klingelte Frau Moritz an der Eingangstür. Lehrerin und Schülerin begaben sich in den schönen Garten des Hauses. Auf ein großes Blatt Papier malte Frau Moritz das Haus, die Bäume, den Teich, Tiere und Pflanzen, daneben schrieb sie die entsprechenden deutschen Begriffe und sprach deutlich und immerfort wiederholend die Wörter mit ruhiger Stimme aus, um Emilia die Phonetik beizubringen. Emilia ahmte die Laute nach, deutete dabei mit dem Zeigefinger auf die Gegenstände und zeigte sich wissbegierig.

Doch dann geschah etwas, das Emilias Unbehagen, das sie schon bei der ersten Begegnung gespürt hatte, ins Unermessliche steigerte: Frau Moritz hatte plötzlich eine große Schere in der Hand, hielt Emilia an der Schulter fest und schnitt ihr die langen, krausen Locken ab. Der Kopf sah wie geschoren aus. Nach dem anstrengenden Eingriff klatschte die Lehrerin freudig in die Hände und betrachtete zufrieden ihr Werk: Das Buschmädchen sah nun ihrer Meinung nach zivilisierter aus und das Anderssein war gemildert.

Völlig irritiert und sich selbst fremd betrachtete Emilia ihren Kopf im Spiegel, kniff die Lippen fest zusammen und schwor Rache.

Zu Mittag erschien Sylvia mit Xenia, die sie zuvor von der Schule abgeholt hatte, um beiden Mädchen ein warmes Essen zu bereiten. Sie hatte eine reichliche Stunde Zeit für die Versorgung der Mädchen; danach musste sie noch einmal in die Klinik, um ihren ärztlichen Verpflichtungen nachzukommen.

Sie war überrascht beim Anblick ihrer zweiten Tochter, fand die Maßnahme von Frau Moritz aber angemessen und konzentrierte sich im weiteren auf die Küchenarbeiten.

Frau Moritz verließ mit Sylvia das Haus, Xenia nahm Emilia mit zum Reitunterricht. Ihre afrikanische Schwester hatte noch niemals ein Pferd gesehen. Das Savannenkind spürte sofort eine starke Zuneigung zu dem vierbeinigen Geschöpf. Kaum im Sattel verschmolz sie sehr bald mit dem Rücken des Tieres als wären sie eins. Emilia legte sich auf den Rücken des kraftvoll trabenden Hengstes, ihre Arme umschlangen fest den muskulösen Hals, Sie genoss die Bewegung des Tieres. Zum späten Nachmittag liefen beide Kinder zurück in den häuslichen Garten, holten einen Malblock und brachten ihre Gedanken zu Papier. Xenia malte den hübschen Gartenteich mit den Hängebirken, Emilia zeichnete die afrikanische Savanne mit einem Löwen in der Bildmitte. Die Kinder konnten sich sprachlich noch nicht verständigen, doch hielten sie sich oft an den Händen und dabei träumte jedes auf seine Art von der fernen Zukunft.

Die folgenden Tage und Wochen folgten dem gewohnten Tagesablauf; am Vormittag Sprachunterricht, am Nachmittag Reitunterricht, am Abend das Spielen im Garten. Oft gesellten sich Nachbarskinder zu den beiden Mädchen und zeigten besonders reges Interesse an dem Verhalten des afrikanischen Kindes. Mühsam, aber mit Erfolg, gelang es Emilia mehr und mehr, Worte zu Sätzen zu formen, so dass eine einfache Verständigung mit der Gruppe schon nach einigen Wochen möglich war. Irgendwann entschlossen sich die Jungen und Mädchen, auf einer Kopfweide ein kleines Baumhaus zu errichten. Dieser Ort wurde zum alltäglichen Sammelplatz um Ereignisse zu beraten, Abenteuer zu planen und Schulprobleme zu vergessen. In einem kleinen Fichtenwäldchen nahe dem Baumhaus erprobten die Jungen ihre Geschicklichkeit mit Pfeil und Bogen umzugehen. Es wurden Bastmatten als Zielscheiben zwischen die Äste gehängt und aus verschiedenen Abständen darauf geschossen. Obwohl die Mädchen sich weigerten den Bogen in die Hand zu nehmen, weil sie lieber zusahen, um dem besten Schützen zu applaudieren und den Erfolglosen zu verspotten, schritt Emilia selbstbewusst in Richtung der maximalen Distanz von zehn Metern, spannte den Bogen und schoss den Pfeil ins Herz der Scheibe. Alle Anwesenden waren sprachlos. Xenia verkündete stolz, dass ihre Schwester in der afrikanischen Savanne mit dem Speer wilde Tiere gejagt habe. Von dem Tage an wurde Emilia von allen bewundert. Sie war im Kreis der Kinder aufgenommen und vollwertiges Mitglied der Gruppe. Gerne wäre sie ihren neuen Freunden in die Schule gefolgt, dem Ort der Zusammenkunft, Bildung, Verschwörung und jeglicher Herausforderung, doch Sylvia war strikt dagegen und verbot Xenia, ihre

Schwester mitzunehmen. Sie sollte erst die Sprachschwierigkeiten im Einzelunterricht bei Frau Moritz überwinden, damit abgesichert war, dass die spätere Integration in eine Schulklasse erfolgreich verlief.

Doch es sollte anders kommen. Emilia erzählte ihren Gefährten von der Schandtat, bei der Frau Moritz sie ihrer prächtigen Locken und wilden afrikanischen Haarmähne beraubt hatte.

Schon am nächsten Tag wurde unter den Jungen ein Vergeltungsschlag ausgeheckt.

Drei von ihnen meldeten sich krank, um nicht offiziell die Schule zu schwänzen, warteten, bis ihre Eltern das Haus verließen und schlichen dann gemeinsam zum Haus von Sylvia. Während Frau Moritz ahnungslos mit Emilia im Garten Deutsch übte, wurde ihr Auto für die Heimfahrt präpariert. Mehrere Kartoffeln musste der Auspuff des Fahrzeugs schlucken, damit keine Abgase mehr entweichen konnten. Zusätzlich wurde der Tank des Fahrzeugs angebohrt, so dass der Kraftstoff stetig auf den schwarzen Asphalt tropfte. Die Jungen verschwanden im Wald. Gegen Mittag verließ Frau Moritz das Haus, sie kam nie wieder.

Noch mehrmals versuchte Sylvia nach entsprechenden Entschuldigungen Frau Moritz umzustimmen, den Sprachunterricht mit Emilia fortzusetzen, doch nichts half und so entschied sich Sylvia, Emilia in die staatliche Schule zu geben.

Sie wurde dem verständnisvollen Schulleiter vorgestellt und in Xenias Klasse aufgenommen. Einige der Jungen und Mädchen kannte Emilia vom Baumhaus, es gab im sozialen Bereich keinerlei Schwierigkeiten. Natürlich strengte sie das Lesen der vielen Schulbücher in Geschichte, Geographie, Literatur und Biologie an und das Erfassen von Sachzusammenhängen viel ihr sehr schwer. Jedoch besaß sie eine natürliche Begabung für die Mathematik. In diesem Fach waren keine langen Sätze gefordert, die klare, übersichtliche Darstellung der Terme mit den Variablen prägte sie sich schnell und sicher im Unterricht ein. Aktuelles Thema war die Bruchrechnung und Emilia beherrschte sie nach wenigen Wochen des intensiven Übens flüssig. Zum ersten Mal in ihrem Leben benutzte sie zudem voller Bewunderung einen

Taschenrechner, das Eingeben der Ziffern und Bedienen der Funktionstasten bereitete ihr sichtliches Vergnügen. Xenia unterstützte ihre Schwester beim Durcharbeiten der Fachbücher, von Klassenarbeiten war Emilia vorerst befreit.

Sylvia war überrascht von dem nicht voraussehbaren schulischen Erfolg ihrer neuen Tochter und sie verwöhnte beide Mädchen mit schönen Geschenken. Neue Reitbekleidung, edle Ledertaschen für die Schule und große Armbanduhren mit Ponygravur wurden gekauft.

Oft saß die erfolgreiche Ärztin am Gartenteich, blickte auf das stille Wasser und dachte zurück an ihre Erlebnisse in Afrika. Was wäre mit Emilia geschehen, hätte sie das Kind nicht adoptiert? Sie musste beschämt lächeln bei der Erinnerung an ihre Gedanken in der letzten Nacht vor ihrer Rückreise nach Deutschland: Das Paket, das Virus aus Afrika – wie anmaßend, wie verwerflich. Letztlich hatte ein todgeweihtes Kind den Ring um ihre Empfindungsfähigkeit gesprengt und ihre tiefsten Gefühle angesprochen.

Ihre Entscheidung war richtig, die Ausbildung des Kindes gewiss. Sie schloss die Augen und träumte von der Zukunft ihrer

Töchter: Eine erfolgreiche Schullaufbahn, ein glänzendes Abitur, anschließend ein Studium, der Beruf, eine eigene Familie für ein erfülltes Leben. Sylvia verfügte über Aktien, so dass die finanzielle Unterstützung des Ausbildungsweges der Kinder gesichert war.

Manchmal sehnte sie sich zurück an den Kongo, nach der Herausforderung zusammen mit dem internationalen Ärzteteam einen Beitrag zu leisten, unvorstellbares menschliches Leid zu lindern und bestehende Verhältnisse zu verändern. Doch konnte sie ihre heranwachsenden Töchter nicht mehr allein lassen in der Phase des Suchens nach Autonomie. Die intensive Ausbildung der Mädchen musste von ihr begleitet werden. Für die nächsten zehn Jahre würde sie an ihrem Wohnort verweilen, den Alltag bewältigen, das Glück der Kinder absichern. Dann vielleicht, wenn ihre Töchter sie nicht mehr brauchten, würde sie zurückkehren nach Afrika, dem Kontinent, der einem die Nähe verweigerte und doch krank machte durch Sehnsüchte und Phantasien. Sylvia dachte an ihren verstorbenen Mann, den Vater Xenias. Sie hatten sich in Afrika bei einem humanitären Einsatz kennen gelernt, mehrere Monate zusammen verbracht bis zu jenem Tag, an dem der Geliebte mit dem gecharterten Flugzeug abstürzte. Damals litt sie an schweren Depressionen. Sie war schwanger und das eventuelle Risiko, das gemeinsame Kind in Afrika zu entbinden machte sie bestürzt. Also entschied sie, nach Deutschland zu gehen, um ihre Verhältnisse neu zu ordnen.

Mit Tränen in den Augen verließ Sylvia jedes Mal den stillen Teich, wenn sie an den Verlust dachte. Sie blieb allein ohne Partner, war aber eine sozial aktive Frau, die sich voll auf ihr Berufsleben und auf ihre Pflichten als junge Mutter konzentrierte. Xenia war nun ihr ganzes Glück, ihr Leben und füllte die ganze innere Welt ihres Fühlens aus. Nun hatte sie auch für Emilia mütterliche Verantwortung übernommen. Doch waren ihre Wahrnehmungen andere wie bei der Geburt von Xenia. Beim Anblick des afrikanischen Kindes spürte sie nicht die liebende Verbindung. Sie behandelte Emilia gerecht, erfüllte alle ihre Wünsche, pflegte ihre Adoptivtochter, als wäre es das eigene Kind. Aber der Blickkontakt zu Xenia war ein anderer, Xenias Augen, ihre Augen, Xenias Blut, ihr Blut. Oft verbrachte Sylvia die langen Nächte auf einer Bank am Haus, versuchte sich eine neue Beziehung zu einem Mann vorzustellen. War das überhaupt möglich? Prof. Sommer zeigte vermehrtes Interesse an ihrer Person. Oft lud er sie zu einem gemeinsamen Abendessen ein. Sie tranken Rotwein, unterhielten sich angeregt über die Arbeit in der Klinik, die Patienten, die öffentlichen Strukturen des Gesundheitswesens, das hohe Risiko während einer Organtransplantation. Doch Sylvias Gefühle für diesen Mann wurzelten nicht im Inneren. Niemals spürte sie das grenzenlose Vertrauen, das sie für ihren verstorbenen Mann empfunden hatte, diese seidene Schnur aus Emotionen, aufgehängt am nächtlichen Firmament, beglückt mit tausenden Sternschnuppen. Der rote Himmel über Afrika spannte sich über ihre erste und einzige Liebe, der Donner der Savanne hatte den Rhythmus ihrer gemeinsamen Nächte bestimmt, das Licht des Morgens verschmolz ihre Sinne mit der Ewigkeit.

In solchen Momenten der Erinnerung zitterten ihre Hände und sie baute in

Gedanken einen Feuerbogen der Sehnsüchte bis nach Afrika.

So erfolgreich Prof. Sommer auch war, Leiter des Klinikums, gesegnet mit Wohlstand; sie konnte keine intime Beziehung mit ihm eingehen, ihr Herz flammte in Afrika. So oblag es ihrer Pflicht, die Töchter groß zu ziehen und dann nach Jahren der Selbstaufgabe aufzubrechen an den Kongo, dessen mächtigen Fluten sie einst eine rote Rose als letzten Liebesgruß übergab.

Mit viel Liebe und Aufwendung wurde Tage später Xenias dreizehnter Geburtstag gefeiert.

Das ganz besondere Geschenk ihrer Mutter war ein bildhübsches Shetlandpony. Es hatte große dunkle Augen, war braun-weiß gescheckt, mit schwarzem Sattel und langer Mähne. Es stand etwas verunsichert in Sylvias Garten und ertrug die Liebkosungen des überglücklichen Geburtstagskindes. Schon waren die leckere Erdbeertorte, die Kinder aus der Nachbarschaft, auch Emilia vergessen.

Der Reiterhof übernahm gegen ein gewisses Entgelt die Pflege des Tieres. Xenia hatte nun ihr eigenes Pferd und konnte so oft reiten wie sie wollte.

Schon am darauf folgenden Tag holte Xenia den Ledersattel aus dem Keller, schwang sich elegant auf den Rücken des Ponys und ritt stolz von dannen. Im raschen Galopp folgte sie dem Lauf eines Baches bis zu den Rändern des großen Kornfeldes, warf sich zwischen die Mohnblumen und betrachtete den tiefblauen Himmel.

Neben ihr stand brav das Pony und knabberte an den Gerstenhalmen. Xenia definierte ihre Welt unter dem blauen Himmel neu: Es gab nur sie und das Pony. Die Mutter hatte ihren größten Wunsch wahr werden lassen und dafür liebte Xenia sie abgöttisch. Aus der Ferne vernahm sie den Ruf ziehender Kraniche. Das Mädchen streckte die schlanken Arme in den Himmel als wollte sie die Welt umarmen, stand auf, küsste ihr Pony auf die feuchten Nüstern und ritt spät am Abend zurück zum Reiterhof. Sie stellte ihre neue Liebe in eine Holzbox neben dem großen Haflinger, holte mehrere Forken mit frischem Stroh, füllte den Wassernapf auf und lief glücklich und müde nach Hause. Im Türrahmen ihres Zimmers stand schweigsam Emilia, bekleidet mit einem kurzen flauschigen Bademantel.

Xenia bemerkte ein seltsames Leuchten in den dunklen Augen ihrer Schwester, beachtete sie aber nicht weiter und fiel schläfrig und zufrieden in ihr Bett. Am nächsten Morgen fuhren die Mädchen schweigend zur Schule, wechselten kein Wort während des Unterrichts und saßen nebeneinander als wären sie Fremde. Xenia erkannte, dass sie einen Fehler begangen hatte und überredete am Abend Emilia, ihr ins Baumhaus zu folgen. Beide Mädchen saßen auf dem höchsten Ast und betrachteten schweigend den sich in den klaren Wassern des Baches spiegelnden Mond. Dann schaute Xenia ihrer afrikanischen Schwester lange und innig in die Augen, umarmte sie und küsste sie intensiv auf den Mund. Nie zuvor hatte Xenia jemanden so geküsst, sie tat es einfach und verspürte dabei eine heiße Lust. Es blieb nicht bei einem Kuss, die Mädchen ließen ihre Zungen kreisen, schlossen die Augen und zitterten am ganzen Körper. Es war ihnen, als würde eine Flut des Lichtes die Dunkelheit aus ihren Seelen holen, den Moment zur Ewigkeit werden lassen. Mit einem nicht endenden Strudel der Gefühle öffnete sich Xenia vollständig der Verantwortung für den Schmerz von Emilia.

Fast traumatisiert holte sie ein kleines Taschenmesser aus ihrem Rucksack, schnitt sich quer über die Handfläche, den Schmerz nicht spürend, tat dasselbe bei Emilia und legte ihre Hand auf die ihrer Schwester. Die Mädchen spürten den Strom des sich vermischenden Blutes, pulsierend und heiß, waren erregt, verließen in Gedanken die Welt, die sie umgab, stiegen empor gleich dem Dampf der Geysire zu den Bahnen der Sterne, verewigten sich als Ganzheit im leuchtenden Universum.

Xenia kam zuerst in die Realität zurück, blickte auf Emilia und sprach sie an: „Du bist meine Schwester, mein Blut, ein Teil meines Lebens, vereint werden wir existieren bis das die Dunkelheit des Todes unsere Seelen erfasst." Dann griff sie noch einmal in den Rucksack und zeigte Emilia einen kleinen funkelnden Diamanten. „Diesen Stein schenke ich dir, meine geliebte Schwester. Er soll dir immer Glück bringen, trage ihn nahe am Herzen, denn er kommt von meinem Herzen."

Zitternd vor Glück verließen sie das

Baumhaus, liefen durch die Nacht, dem Ruf des Waldkauzes folgend bis sie das Licht ihres Hauses in der Dunkelheit erspähten. Schnell waren die Treppen zum Dachgeschoss erklommen, Emilia wollte sich verabschieden, doch Xenia zog sie mit aller Macht in ihr Zimmer. Behutsam streiften sie sich gegenseitig die Kleidung vom Körper, berührten zarte Hände vorsichtig die samtige Haut. Weiß auf Schwarz wie Licht auf Schatten – ein Kontrast der Sinne. Wieder und wieder tauchten sie tief in das blaue Meer der Lust, spürten das Salz auf der Haut, folgten dem Verlangen zu erleben, was zuvor nur in wilden Phantasien existierte.

Der fauchende Ruf zweier Schleiereulen beendete ihr Spiel, die Mädchen trennten sich voneinander und verbrachten die restliche Nacht im Tiefschlaf.

Mit einem sanften Kuss weckte Sylvia zuerst Xenia, dann Emilia. Ein neuer Tag erwachte zum Leben. „Frühstück ist fertig", waren die aufmunternden Worte der Mutter.

Verträumt naschte Xenia an einer fruchtigen Erdbeere, tauchte ihre Fingerspitzen in die kühle Milch und leckte die Tropfen langsam von der rauen Haut. Sylvia fragte ihre Tochter, ob sie bei Verstand sei und mahnte, schnell die Schulsachen zu packen, um rechtzeitig zum Unterricht zu erscheinen.

Während der ersten Stunde, Mathematik bei Herrn Petri, wurde Xenia an die Tafel gebeten und kurze Zeit später wieder aufgefordert, sich schnell zu setzen, denn das Ergebnis ihrer Berechnungen entsprach bei Weitem nicht den Erwartungen des Lehrers. Beide Schwestern saßen nebeneinander und schienen völlig abwesend. Zum Glück endete dieser Schultag, die Schwestern liefen zum Reitstall, sattelten ihre Ponys. Emilia erhielt ein Leihpferd, Xenia galoppierte mit ihrem Shetlandpony voran. Sie ließen den Wind durch die Haare streifen, trieben ihre Pferde mit wildem Geschrei an und stoppten erst, als beiden Ponys der Schaum in großen Flocken um die Nüstern wehte. Sie stürzten sich ins hohe Gras und fielen übereinander her wie wilde Tiere.

Sylvia bemerkte die Veränderungen im Verhalten ihrer Töchter, behielt aber ihren rationalen Standpunkt. Um die Mädchen in ihrer Lust zu zügeln, überlegte sie, eine Party zu geben und einige Jungen aus der Nachbarschaft einzuladen. Doch interessierten sich die Jungen mehr für ihre heimlich getunten Mopeds als für das andere Geschlecht. Dennoch blieb das Baumhaus ein allgemein akzeptierter Versammlungsplatz; es wurde weiterhin mit Sportbögen und Luftgewehren geschossen und verschiedene Geschicklichkeitsspiele veranstaltet.

Die Wochen vergingen mit dem Glück der beiden Geschwister, den alltäglichen Ausflügen in die Natur, den nächtlichen Abenteuern. Die Schulpflichten wurden auch weiterhin motiviert und sorgfältig erfüllt, Emilia bemächtigte sich mehr und mehr der deutschen Sprache. Sie war jetzt voll und ganz eine Deutsche, akzeptiert und geachtet von den Menschen ihres Umfeldes.

Die Jahreszeiten vergingen, die Mädchen feierten ihren vierzehnten, ihren fünfzehnten, ihren sechzehnten Geburtstag.

Es wurde Herbst, ein kühler Herbst mit frühem Laubfall, unangenehmen Nachtfrösten und regnerischen Tagen. Eines Morgens lag Xenia schweißgebadet mit glühenden Wangen und zitternden Knien im Bett. Sylvia diagnostizierte einen grippalen Infekt bei ihrer Tochter, gab ihr Zitronensaft, forderte aber Xenia auf, die Schule zu besuchen. Sie war Ärztin, akzeptierte kein schwächliches Verhalten, trainierte das Immunsystem mit täglichen Saunagängen, heiß-kalten Duschtherapien und viel Gymnastik. Zur Sicherheit löste sie noch eine Aspirin-Tablette in Mineralwasser auf, flößte das Getränk ihrer Tochter ein und brachte dann beide Mädchen zur Schule. Sylvia fuhr an ihren Arbeitsplatz. Sie hatte ein großes, helles Büro direkt neben der Klinikleitung.

An der Wand ihres Büros hingen schöne Poster von ihren Reisen nach Afrika; Motive mit Sonnenuntergängen, Löwen an der Tränke, ziehende Elefantenherden, eingerahmt in edles Ahornholz. Ihr Schreibtisch bestand aus massivem Eschenholz, geschmückt mit einem Strauß gelber Rosen, der weiche Ledersessel verwöhnte ihren Rücken. Der Blick aus dem Fenster zeigte den großen Innenhof des Klinikums mit künstlich angelegtem Wasserlauf, Fliederbäumen und vielen Gartenbänken für die Patienten sowie das Personal. Auf Augenhöhe gegenüber befand sich die gern besuchte Kantine, zwei Etagen tiefer war ihr eigentlicher Arbeitsplatz. Die Notaufnahme, ausgerüstet mit den modernsten medizinischen Geräten. Sylvia entschied fast jeden Tag über Leben und Tod der Unfallopfer. Sie nippte gerade an einer Tasse mit frisch gebrühtem Kaffee als das rote Telefon klingelte. „Sylvia, komme sofort in die Notaufnahme, deine Tochter wurde gerade eingeliefert, die Situation ist sehr ernst." Der heiße Kaffee lief über den lackierten Schreibtisch und tropfte langsam auf den schönen Perserteppich. In panischer Angst hatte sie das Büro verlassen und eilte, sich den weißen Kittel überstreifend, in den Reanimationsraum. Schon machte sie sich die größten Vorwürfe: Warum hast du dein Kind zur Schule geschickt, wieso sie nicht gründlicher untersucht. Verantwortungslos hast du gehandelt, Xenia mit einer Aspirin-Tablette abzuspeisen.

Kurz vor der massiven Sicherheitstür mit der Aufschrift „Notfall-Betreten verboten" hielt Sylvia kurz inne, schloss die Augen, holte tief Luft und schritt hinein. Xenia war angeschlossen an einen Defibrillator, erhielt künstliche Beatmung, zwei Infusionsnadeln durchstachen die blasse Haut ihrer Arme. Die blauen Augen ihrer Tochter wirkten gebrochen, teilnahmslos, entschwunden in einer Welt der Fieberträume. Sylvia konzentrierte sich auf ihre Aufgaben als Ärztin, analysierte sachlich den vorliegenden Befund, übernahm souverän die Teamleitung und gab klare, eindeutige Anordnungen an das versammelte Ärzteteam. Nach zehn Minuten war der kritische Zustand ihrer Tochter überwunden, der Kreislauf stabilisiert, alle lebenswichtigen Werte im grünen Bereich. Xenia wurde in ein Einzelzimmer verlegt und von einer Krankenschwester bewacht. Im anschließenden Briefing mit Prof. Sommer kam das Ärzteteam zu folgender Bewertung der vorliegenden Daten: Akuter Immunsystem-Schwächeanfall mit kurzzeitigen Herzrhythmusstörungen. Sylvia setzte sich erschöpft auf einen Stuhl und schüttelte verzweifelt den Kopf. Wie konnte es zu diesem Kollaps kommen? Ihre Tochter hatte eine hervorragende Kondition, keine schwerwiegenden Erkrankungen während der Kindheit. Sie war gegen Influenza geimpft, kannte keine Allergien, begleitete ihre Mutter regelmäßig in die Dampfsauna und zum Wassertre-

ten. Sylvia schlug sich gegen die kalte Stirn, das eben Geschehene war irrational, konnte einfach nicht wahr sein. Prof. Sommer befreite sie für den Rest des Tages vom Klinik-Dienst. Sylvia setzte sich zu ihrer Tochter ans Bett und hielt ihre Hand. In regelmäßigen Abständen kontrollierte sie die Infusionen, um den Elektrolythaushalt von Xenia zu stabilisieren, ansonsten konnte sie nur abwarten und auf eine baldige Genesung hoffen.
Spät am Abend fuhr sie nach Hause, berichtete Emilia von dem Zustand ihrer Schwester und fiel erschöpft ins Bett.
Emilia saß einsam und verlassen in ihrem Zimmer und weinte leise vor sich hin. Sie bangte um das Schicksal der geliebten Schwester. Sie konnte sich Xenias Zustand nicht vorstellen, hoffte aber im Herzen, sehr bald wieder mit ihr ausreiten zu können. Am nächsten Morgen gab es kein Frühstück. Sylvia gab Emilia zehn Euro, damit sie sich irgendwo ein Sandwich kaufen konnte. Das Tempolimit nicht beachtend, flog Sylvia mehr über die Landstraße als das sie fuhr. Ohne die gewohnten herzlichen Abschiedsworte entließ sie Emilia in die Schule und folgte der Straße zum Klinikum. Noch bevor die

Sonne ihre Strahlen durch den Vorhang des Zimmers schicken konnte, saß Sylvia schon wieder bei ihrer Tochter und hielt deren Hand. Der Zustand hatte sich nicht wie gewünscht verbessert, alle lebenserhaltenden Geräte blieben weiterhin angeschlossen. Sylvia musste ihrer Arbeit nachgehen. Sie küsste Xenia auf die schmalen Lippen. „Du meine Tochter, meine Liebe, werde bald gesund." Obwohl sie gewöhnlich immer die Treppe nahm fuhr sie diesmal mit dem Fahrstuhl in ihr Büro, setzte sich an den Schreibtisch und erledigte routiniert die anliegenden Schreibarbeiten. Nebenbei bemerkte sie, dass der Strauß Rosen verwelkt war. Ohne zu zögern warf sie den Strauß in den Papierkorb. Sie wollte gerade eine Tasse Kaffee aufbrühen, als das Telefon klingelte. „Professor Sommer möchte sie in seinem Büro sprechen, sofort!"

Sylvia lief hinüber, es waren nur drei Türen, klopfte höflich an und setzte sich ihrem Chef gegenüber. Mit undurchdringlicher Miene ohne jegliche Regung erhob sich Prof. Sommer und schritt zum Fenster. Sie betrachtete seine hagere Gestalt, seine scharfen Gesichtszüge, die schmalen Lippen; er hatte wieder diesen lauernden Blick, der sie verunsicherte. Unvorstellbar, dachte sie, dass ich mit dem Gedanken gespielt habe, diesen Mann zu heiraten.

Sie spürte Frustration in diesem großen Raum, die Distanz zwischen beiden schien unaufhörlich zu wachsen. Sie erwartete eine dienstliche Anweisung, die sie auszuführen hatte. Er lehnte sich gegen das Fenster seines Büros, das Sonnenlicht warf einen langen Schatten seiner Gestalt auf den hellen Teppich. Dann öffneten sich seine Lippen und es war, als würde ein eisiger Wind den Raum durchfluten. „Sylvia, das Labor hat mir vor zehn Minuten die Blutwerte von Xenia gegeben. Möchtest du ein Beruhigungsmittel einnehmen oder behältst du deine Fassung, wenn ich dir die Wahrheit über den Zustand deiner Tochter sage?" Sylvia schien ungläubig, doch bevor sie mit einem Lächeln antworten wollte, überkam sie ein kalter Schauer als hätte der sibirische Winter ihr Herz vereinnahmt. Sie schüttelte langsam den Kopf, sein Angebot stumm ablehnend und erwartete mit leicht hervor gestrecktem Kopf das Urteil wie einen Schlag ins Gesicht.

„Die Analyse von Xenias Blutwerten ergab HIV-positiv."

Es versagten ihre Kräfte. Sylvia saß unbeweglich und stumm auf dem Stuhl. Sie war unfähig, auf dieses Urteil zu reagieren. Wirre Gedanken erinnerten sie an die letzte Nacht in Afrika: Das Mädchen in ihrem Arm, ein Paket, das Virus in Afrika.

Ihre Lippen öffneten sich als wollte sie sprechen, doch brachte sie keinen einzigen Laut hervor. Erstarrt saß sie auf dem kalten Lederstuhl und blickte ins Leere. Prof. Sommer verließ das Büro, klopfte ihr beim Hinausgehen auf die Schulter und sagte mit gepresster Stimme: „Ich befreie dich vorläufig von allen ärztlichen Pflichten. Wir wissen nicht, ob deine Tochter die nächsten Tage überleben wird." Nachdem er die Tür hinter sich schloss, fand sich Sylvia plötzlich in der Realität wieder. Sie eilte fast panisch die Treppen des Klinikums hinunter, lief zu ihrem Fahrzeug und fuhr, das Gaspedal voll durchgetreten, zur Schule. Ohne ein Wort zu sagen stürmte sie in das Klassenzimmer, nahm Emilia an der Hand und schleifte sie schnellen Schrittes zum Auto. „Wir müssen sofort in die Klinik, es geht um das

Leben deiner Schwester." Bereits nach einer halben Stunde waren sie in der Klinik. Sylvia brachte Emilia in einen kleinen Behandlungsraum, holte sich eine Kanüle und entnahm Emilias Venen eine größere Menge Blut. Anschließend brachte sie dem verängstigten Mädchen ein Glas Mineralwasser und sprach es an: „Lege dich hin und warte auf mich bis ich wiederkomme." Sylvia stürmte in den Keller zum Labor und rief mit bebender Stimme der zuständigen Leiterin zu: „Wir müssen sofort eine Analyse dieser Blutprobe durchführen, es hat höchste Priorität, das Resultat ist sofort zu dokumentieren." Der Computer wurde gestoppt und auf das neue Blut geeicht. „Auf HI-Virus testen, schnell", befahl Sylvia. Nach weiteren zehn Minuten lag das ernüchternde Ergebnis vor: HIV-positiv.

Sylvia eilte zur nahe liegenden Toilette, beugte sich über ein Toilettenbecken und erbrach fürchterlich.

Hier über der Porzellanschüssel, den Blick in den schmutzigen Abfluss gerichtet, stürzte ihre Welt zusammen, wurde ihr ganzes Leben mit dem anhaltenden Strudel der automatischen Spülung davongetragen. Sie hatte das HI-Virus aus Afrika mitgebracht, es in ihrem Haus gepflegt und umsorgt, das tödliche Virus als Geschenk für ihre geliebte Tochter, eingebracht in ihr Leben, in ihre ganze Hoffnung. Der akute Brechreiz hielt an. Obwohl der Magen keine Flüssigkeit zum Erbrechen mehr hergab, wollte Sylvia das Erbrochene wieder und wieder erbrechen. Sie war Ärztin, sie kannte das Risiko in Afrika, sie hatte die Vernunft ignoriert. Getrieben von einem nächtlichen Traum hatte sie das Paket mitgenommen in die Heimat. Wie zutreffend erschien ihr jetzt diese Bezeichnung für das armselige Mädchen, das ihre Zuneigung gar nicht verdiente. Ihr eigenes unschuldiges Kind musste sterben. Nach einer langen Zeit verließ Sylvia die Damentoilette des Klinikums. Sie fuhr mit dem Fahrstuhl in die zweite Etage, lief schnellen Schrittes in ihr Büro, nahm einen weißen Bogen Papier zur Hand und schrieb folgende Zeilen: „Ich, Sylvia, trage die volle Verantwortung für den tragischen Befund meiner Tochter Xenia. Mit dieser nicht fassbaren Schuld habe ich meine Rechte als Mutter verwirkt und kann nicht mehr weiterleben. Es ist mein letzter Wille, dass Xenia als Alleinerbin meines Vermögens eingesetzt wird. Alle anfallenden medizinischen Kosten für ihre Behandlungen sollen von dem Erbteil getragen werden. Meiner Adoptivtochter Emilia ist der Pflichtanteil auszuzahlen. Die Kosten für die Rückbeförderung nach Afrika sollen zusätzlich aus dem Erbvolumen geschöpft werden."

Sylvia versiegelt den Umschlag und legte ihn sichtbar auf den Schreibtisch. Kurz schaute sie aus dem Fenster auf den schönen Innenhof, dann streifte sie den weißen Kittel über und lief, für das Personal offensichtlich im Dienst, zu ihrer Tochter Xenia. Lange betrachtete sie das schlafende Mädchen. Sanft strich sie mit ihrer Hand über die blasse Stirn Xenias und gab ihr einen warmen Kuss auf die kalten Lippen.

Dann prüfte sie den Diagnosecomputer, die Infusionsnadel, sagte der Krankenschwester, dass der Zustand des Mädchens vorerst stabil sei und lief die Treppen hinunter in den Keller der Privatklinik. Um einen bestimmten Raum zu erreichen, musste sie drei Wachposten passieren. Die Diensthabenden kannten Sylvia und ließen sie ohne Kommentare passieren. Der helle Raum war steril, komplett mit Fliesen ausgekleidet und gänzlich unmöbliert. In die Rückwand des Raumes war eine Stahltür eingelassen. Ohne zu zögern tippte Sylvia den achtstelligen Code in den Sicherheitscomputer. Mit einem leisen Säuseln öffneten drei Elektromotoren die schwere Stahltür. Sylvia betrat den kleinen Raum hinter der Tür. Er war in blaues Licht getaucht und bestand nur aus sechs Schubladen. In diesen Schubladen befanden sich mehrere Ampullen mit roten Etiketten. Sylvia nahm eine der Ampullen, steckte sie in die Brusttasche und verließ den Raum. Kurz überlegte sie, ob sie sich noch von der wartenden Emilia verabschieden sollte, aber sie brachte nicht die Kraft auf, ihrer Adoptivtochter noch einmal in die Augen zu sehen. Natürlich war Emilia unschuldig, wusste noch nicht einmal von ihrem Befund, doch sie hatte das tödliche HI-Virus aus Afrika mitgebracht und in irgendeiner Form an Xenia weitergegeben. Früher oder später würden Kollegen das wartende Mädchen im Behandlungszimmer entdecken und sich um sie kümmern. Sylvia lief zielgerichtet in den nahe liegenden Rosengarten. Um diese Jahreszeit war der Garten verlassen, es blühten keine Rosen mehr, das Laub häufte sich auf den schmalen Wegen. In der Nähe des steinernen Brunnens setzte sich Sylvia auf eine leicht modrige Gartenbank, schlug die Beine übereinander und ließ noch einmal ihr Leben an sich vorüber ziehen: Ihre Kindheit, das Medizinstudium, ihre Liebe in Afrika, die Geburt Xenias, die Kindheit ihrer Tochter, die Klinikarbeit, die kurze Zeit mit der Adoptivtochter. Dann zog sie behutsam die Schutzkappe von der hauchdünnen Injektionsnadel. Sie legte sich entspannt auf die Gartenbank und injizierte die klare Flüssigkeit intravenös. Zwei Minuten später schloss sie die Augen und entwich in einen nie endenden Schlaf.

Nach vier Stunden angespannten Wartens wurde Emilia so von Furcht gepeinigt, von ihren Lieben abgetrennt zu sein, dass sie aufstand, sich die Schuhe überzog und das Zimmer verließ. Auf den großen Fluren des Klinikums herrschte Betriebsamkeit. Niemand kümmerte sich um das suchende Mädchen. Emilia betrat vorsichtig jedes Krankenzimmer, überflog mit einem flüchtigen Blick die Gesichter der Patienten und eilte weiter.

Am späten Nachmittag fand sie die geliebte Schwester. Ohne zu zögern schob sie die Liege im Zimmer neben das Bett Xenias und legte sich neben die Kranke. Ihre Hand umschloss die ihrer Schwester. Emilia betrachtete lange und stumm die weiße Decke des Raumes. Zwanghaft entschied sie hier zu ruhen und Energie zu spenden, bis ihre Schwester wieder genesen war. Am frühen Abend betrat die Krankenschwester aufgeregt das Zimmer. Die Nachricht vom Tode Sylvias war wie ein Orkan durch die Räume des Klinikums gefegt. Schnell nahm sie den Telefonhörer zur Hand und informierte Prof. Sommer, dass sich beide Mädchen in ihrer Obhut befänden. Der Direktor des Klinikums eilte in Begleitung seines Ärzteteams zu den verwaisten Mädchen. Er ordnete an, vorerst beide in dem Raum zu behandeln und zu versorgen, bis in Zusammenarbeit mit dem Jugendamt eine Lösung für den Verbleib der Mädchen erarbeitet war.

Als Emilia nach einer langen Nacht am frühen Morgen ihre Augen öffnete, saß Xenia auf ihrem Bett und hielt die Hand der Schwester. Die blauen Augen Xenias glänzten von Tränen; sie flüsterte:

„Unsere gutherzige Mutter ist tot. Ich weiß nicht warum und wieso, aber wir beide sind nun allein auf dieser Welt." Emilia war fassungslos. Unter Schluchzen warf sie ihren Körper auf dem Bett hin und her. Wieder hatte sie einen Verlust zu erleiden und schreckliche Bilder der Vergangenheit folterten ihre Gedanken. Sollte der Schmerz zum Sinn ihres Lebens werden? Xenia schien bei Kräften. Sie hatte sich nach einem tiefen, komaähnlichen Schlaf von dem Immunschocker erholt und spürte, wie der Drang nach Leben ihren Körper mit neuer Energie durchströmte. Zum Frühstück brachte die Krankenschwester frisch gebackene Brötchen mit Waldhonig, Kakao und einen Obstteller. Xenias Infusionsnadeln wurden entfernt. „Diese Nadeln sind nun überflüssig", sagte die freundliche Betreuerin. Beide Mädchen verschlangen hungrig das angebotene Frühstück. Dann schauten sie stumm aus dem Fenster und jede dachte an die Zukunft ohne die mitfühlende Mutter, ohne deren Fürsorge und Liebe. Beide waren sechzehn Jahre und nunmehr erfüllt von einem Gefühl grenzenloser Verlassenheit. Wahrscheinlich mussten sie für die nächsten zwei Jahre zu Xenias Großeltern, um unter deren Obhut die Schule zu beenden. Gegen zehn Uhr betrat Prof. Sommer allein und mit verhaltener Miene den Raum.

Er setzte sich zwischen die Mädchen, nahm ihre Hände und schwieg für einige Minuten mit geschlossenen Augen. Dann sagte er mit leiser Stimme:

„Xenia, Emilia, wisst ihr was HI-Viren sind?" Xenia nickte stumm, sie hatte davon in den verschiedenen Ärztezeitschriften ihrer Mutter gelesen. Emilia schaute fragend auf Xenia. Prof. Sommer drückte die Hände der Mädchen fester und sagte dann mit fast tonloser Stimme: „Ihr beide seid von diesem Virus befallen. Nach neuesten medizinischen Erkenntnissen gibt es keine wirksamen, verträglichen Heilmittel zur Behandlung. Wir werden versuchen, euer Immunsystem mit allen zur Verfügung stehenden Medikamenten zu stärken. Vielleicht könnt ihr die nächsten sechs bis zehn Jahre ein normales Leben führen. Im Moment ist euer klinischer Zustand stabil, wir können euch nach Hause entlassen. Dort werdet ihr von den Eltern eurer Mutter empfangen." Xenia trug die Nachricht mit Fassung, zu sehr beschäftigte sie der plötzliche Tod ihrer geliebten Mutter. Emilia, bekümmert, konnte die aufgezählten Fakten noch nicht einordnen. Nach kurzer Verabschiedung stiegen beide Mädchen in ein Taxi und wurden nach Hause gefahren. Dort warteten die Großeltern auf sie.

Xenias Großmutter hatte sich alle Mühe gegeben, die Mädchen von ihrem seelischen Schmerz abzulenken. Das Haus war mit großen Blumensträußen geschmückt. Xenias Pony stand angebunden im Vorgarten und wieherte aufgeregt beim Anblick seiner Reiterin. Xenia legte die Arme um den Hals des geliebten Tieres und flüsterte in sein Ohr: „Wir müssen jetzt ganz fest zusammenhalten." Die Großmutter versprach, jeden Tag nach den Mädchen zu sehen und eine warme Mahlzeit zu kochen. Den Tagesablauf, die Schule, ihr Leben mussten sie aber von nun an selbst organisieren. Mit sechzehn Jahren waren sie auch dazu durchaus in der Lage, ja, wenn es nicht den alles verdunkelnden Schatten auf ihrer Seele, das tödliche HI-Virus, gegeben hätte.

In der Schule wurden die Mädchen am nächsten Morgen mit offenen Armen und vielen Blumen empfangen. Alle, der Schulleiter, die Lehrer, die Klassenkameraden versprachen zu helfen. Die Jungen der Abiturstufe organisierten einen morgendlichen Fahrservice, damit Xenia und Emilia nicht mit dem Fahrrad die zwölf Kilometer zurücklegen mussten. So schön es auch war, mit den schnellen Autos der Jungen jeden Morgen abgeholt zu werden, musste Xenia doch immer daran denken, dass sie niemals eine Beziehung zu ihnen eingehen durfte, um der Krankheit keine Chance zu geben, sich auszubreiten. Sie war ein blutjunges Mädchen. Oft weinte sie bei der Vorstellung in Einsamkeit leben zu müssen, doch übernahm sie einen Teil der Verantwortung für das HI-Virus und bekämpfte es innerlich mit großer seelischer Kraft, um nicht immerzu an die Infektion zu denken. Xenia ahnte intuitiv, dass ihre Schwester Emilia für die tödliche Ansteckung verantwortlich war, doch verlor sie darüber kein Wort; sie gehörten zusammen.

Schnell verzweifelten die Jungen an den eiskalten Mädchen, die ihre Herzen verschlossen, doch waren sie Kameraden und halfen weiterhin, wenn es erforderlich war. Niemand außer den Großeltern,

Prof. Sommer, der Laborleiterin und der Leiterin vom Jugendamt wussten von der Erkrankung beider Schwestern. Die Tatsachen wurden geheim gehalten, um Emilia vor eventuellen Übergriffen zu schützen. Eines Abends bekamen sie Besuch von dem Filialleiter der Deutschen Bank. Er überreichte Xenia eine EC-Karte und ein Scheckbuch. Durch den Tod ihrer Mutter verfügte Xenia über ein großes Vermögen. Eines Tages würde sie viel Geld dem Reiterhof spenden, damit ihr geliebtes Pony und all die anderen Pferde ein gutes Zuhause behielten; doch vorerst musste sie den Alltag organisieren. Schon sehnte sie sich nach einem Führerschein und einem eigenen Auto, doch hieß es Geduld zu üben. Der Winter würde kommen, alle Öltanks mussten gefüllt und Vorräte angeschafft werden, denn oft lag ihr Haus abgeschirmt von der Außenwelt, wenn hohe Schneewehen die Zufahrtsstraße blockierten. Emilia war völlig verstummt. Sie lebte zurückgezogen von den Zuwendungen ihrer Schwester. Sicherlich brauchte sie nur einen Wunsch zu äußern und er wurde sofort erfüllt, doch war das Hausklima ein anderes geworden, ihre Schwester die Bestimmende.

Eines Abends fand Emilia eine Zeitschrift beim Durchstöbern der Bücherregale. Die Seiten drei bis zwölf waren rot markiert. Langsam und intensiv las sie Zeile für Zeile. Abgesehen von den medizinischen Fachbegriffen verstand sie fast jedes Wort. Der Artikel handelte von AIDS-Erkrankungen. Sie dachte lange und schweigend über die Zeilen nach, dann lief sie zu ihrer Schwester.

Sie zeigte auf die Zeitschrift und fragte: „Ist es das HI-Virus, dass unser Schicksal bestimmt?" Xenia nahm ihre Schwester am Arm, führte sie in ihr Zimmer, zündete Kerzen an und flüsterte dann leise: „Ja, Emilia, du hast das Virus aus Afrika mitgebracht. An dem Tag, als wir unsere Handflächen aufeinander legten und sich unser Blut vermischte, hat sich das Virus auch auf mich übertragen. Es zerstört langsam unser Immunsystem. Die Ärzte sprechen von sechs bis zehn weiteren Lebensjahren, dann werden wir an AIDS erkranken und müssen sterben, so wie alle anderen Aidskranken auch. Doch bis dahin lass uns schöne Stunden verleben und viel Geld ausgeben."

Emilia lief zum Fenster, betrachtete lange die Sichel des Mondes, dann packte sie Xenia am Arm und sagte: „Schwester, in meiner Heimat sprachen die Alten an den nächtlichen Lagerfeuern von einer Überlieferung, dass weise Medizinmänner die Kraft besitzen, den Schleichenden Tod zu besiegen, der mein Volk befallen hat. Ich wusste damals nicht wovon sie sprachen, aber es lässt sich vermuten, dass der Schleichende Tod durch HI-Viren verursacht wird. Am Oberlauf des Kongo, inmitten des finsteren Nebelwaldes, weit entfernt von meiner Heimat, der Savanne, lebt ein solcher weiser Medizinmann, der den Schleichenden Tod schon oft besiegt hat. Sein Name ist Huchanpetu. Er ist ein Greis. In seiner Begleitung sind ständig zwei weiße Mähnenlöwen. Wenn wir diesen Mann finden, kann er uns vielleicht heilen. Der Weg zu ihm ist voller Gefahren. Wir müssen den mordenden Rebellen mit ihren Gewehren, den Fallen der Wilderer ausweichen. Es gibt im Regenwald Leoparden, giftige Schlangen und gefährliche Waldelefanten. Doch zuerst müssen wir nach Kinshasa. Dort lebt ein Stammeshäuptling, der den Weg zu Huchanpetu kennt." Xenia saß sprachlos mit offenem Mund vor ihrer Schwester. Dann leuchteten ihre Augen geheimnisvoll auf und sie antwortete: „Lass es uns versuchen, wir fliegen in deine Heimat."

Am nächsten Morgen wurde der Großvater überredet, die Mädchen bis Kinshasa zu begleiten. Im Regenwald würden sie ohne ihn weiterlaufen, denn für solch ungewohnte Strapazen war der alte Mann nicht geeignet.

Bei der Botschaft der Republik Zaire in Berlin wurden die Touristenvisa für die Mädchen und den Großvater beantragt. Schnell waren die Flugtickets von Frankfurt nach Kinshasa organisiert. Im Wildnisausstatter kauften die Mädchen alle erforderlichen Ausrüstungsgegenstände für ihre Expedition an den Kongo. Emilia wählte sorgfältig; sie kannte ihre Heimat, konnte sich auf das Notwendigste beschränken. Xenia vertraute der Schwester diese besonderen Aufgaben an. Bald stapelte sich im Haus das Expeditionsgut.

Ohne ihr Geheimnis preiszugeben, verabschiedeten sie sich einen Monat später von ihren Kameraden, der Schulleitung, dem Klinikum, den Nachbarn. Es herrschte Winter in Deutschland. Sehr bald würden die Mädchen am Äquator die Hitze des afrikanischen Tages spüren. Die Leiterin des Ponyhofes erhielt einen zusätzlichen Scheck von Xenia, damit sie sich besonders liebevoll um ihr Pony kümmerte. Die Großmutter verkraftete den Abschied schwer, schluchzend und winkend stand sie im Vorgarten des Hauses, als das Taxi mit ihrem Mann und den Enkelkindern davonfuhr. Würde sie die drei jemals wieder sehen? Leise sprach sie vor sich hin:

„Wenn Emilias Worten zu trauen ist und die Mädchen tatsächlich eine Chance haben, die Krankheit zu bekämpfen, dann ist es jedes Risiko wert. In Deutschland ist ihr Tod nur eine Frage der Zeit."

Beide Schwestern schauten schweigend auf die vorbeiziehende Landschaft. Der Taxifahrer unterhielt sich mit dem Großvater über die Arbeitsmarktsituation in Deutschland und über die öffentlichen Auftritte der Politiker – alles belanglose Themen im Vergleich zu dem Afrika-Abenteuer, dachten die Mädchen.

Auf dem Frankfurter Flughafen wartete ein gigantischer Jumbojet, eine Boeing 747-400, auf den Abflug nach Kinshasa.

Das Flugzeug flog nur einmal pro Woche in die Metropole am Kongo, seine riesigen Turbinen drehten sich langsam, jederzeit bereit, die Kraft von Hunderttausenden Pferden zu entfalten. Sechzig Tonnen Treibstoff flossen in die riesigen Tanks, sie ermöglichten den Nonstopflug ins weit entfernte Afrika. Die Mädchen betraten voller Respekt vor der Technik etwas schüchtern die Gangway und stiegen die schmalen Stufen empor. Aus Angst vor Thrombose hatte der Großvater Business-Klasse gebucht. Xenia bezahlte bereitwillig, wissend, dass es womöglich der letzte Flug ihres jungen Lebens war. Die Gefahren lauerten überall am Kongo und selbst Emilia war sich nicht sicher, ob sie die Wildnis überleben würden.

Doch vorerst wurden sie von den freundlichen Stewardessen verwöhnt. Schon zur Begrüßung erhielten sie zarte Schokoladenhäppchen, die schnell auf der Zunge zergingen. Der Jumbo rollte zur Startbahn und erhielt von der Flugkontrolle das Go. Emilia hielt die Hand ihrer Schwester, leicht zitterten ihre Knie, dann heulten die vier Turbinen auf, der Jumbo beschleunigte und hob ab, von magischer Kraft getragen, in den aschgrauen Himmel über Frankfurt.

Zwei von HI-Viren gezeichnete Mädchen saßen vereint in ihren weichen Ledersesseln, schauten auf den großen Display mit allen wichtigen Flugdaten und aßen Lachshäppchen auf zarten Maiskolben. Sie überquerten das Mittelmeer, den Atlas, die mächtige Sahara und landeten sechs Stunden später auf der staubtrockenen Piste des Flughafens von Kinshasa. Das Flugzeug verlassend stand die afrikanische Hitze wie eine unsichtbare Wand vor ihnen. Schnell entledigten sie sich der Reisekleider und holten die neu gekaufte Tropenkleidung aus den Rucksäcken, vorerst vornehm elegant für die Großstadt. Ihre Expeditionskleidung war hier noch völlig fehl am Platz. Mit einem Taxi fuhren sie zu dem gebuchten Hotel und waren erfreut über die Klimaanlage des Komplexes. Emilia betrachtete leicht zweifelnd ihre Schwester. War sie geeignet für die Wildnis, den brutalen Überlebenskampf im Dschungel weit entfernt von ihrer gewohnten Welt? Nachdem sich die Mädchen von der Anreise erholt hatten, stöberten sie durch die Buchhandlungen der Metropole und kauften nützliche Detailkarten vom oberen Kongo.

Emilia hatte über die Botschaft erfahren, dass der von ihr gesuchte Stammesführer im Generalkonsulat der amerikanischen Botschaft arbeitete. Die amerikanische Regierung gewährte ihm politischen Schutz vor den wildernden Rebellengruppen im Land. Zum Glück besaß Emilia die deutsche Staatsbürgerschaft, denn als Afrikanerin hätte sie wahrscheinlich keine Chance gehabt, das Konsulat zu betreten. Fünf Tage mussten die Mädchen auf einen Vorsprechtermin warten. Sie nutzten die Zeit, um sich zu akklimatisieren und den afrikanischen Lebensrhythmus zu fühlen.

Kinshasa war eine relativ sichere Zone; die Rebellen hielten sich fern von der Metropole, trieben ihr Unwesen in Dörfern und kleinen Ansiedlungen. In den Straßen der Hauptstadt waren Militär und Polizei präsent; sie sorgten für Ordnung und Sicherheit. Xenia war fasziniert von der afrikanischen Lebenskultur. Sie bummelten durch die Geschäfte auf der Suche nach Souvenirs, spazierten über die Märkte, kauften afrikanischen Schmuck und beauftragten den Großvater alles zu hüten bis sie aus der Wildnis zurückkehrten. Der Großvater hatte als zentralen Anlaufpunkt für die Mädchen ein Hotelzimmer für mehrere Wochen gebucht.

Schon wollte Xenia am Abend eine afrikanische Disco besuchen, um die Trommeln der Nacht zu spüren, da packte sie Emilia am Arm, zog sie in das Hotelzimmer und brachte ihre Schwester zur Vernunft: „Weißt du eigentlich noch, warum wir hier sind? Ist dir das HI-Virus in deinem Körper bewusst? Es geht nicht um Spaß, es geht ums Überleben. Wir müssen den Schleichenden Tod besiegen und das können wir nicht im Rummel Kinshasas. Es tut mir leid, dass ich dich infiziert habe, aber nun, da wir zusammen Opfer sind, musst du zur Vernunft kommen, in dich kehren, auf deine Seele hören, den Willen stärken und Kraft sammeln für die kommenden Wochen. Glaube mir, der Regenwald am Kongo ist nicht Kinshasa. Die mordenden Rebellen kennen kein Erbarmen. Als verwöhntes europäisches Mädchen hast du dort draußen in der Wildnis keine Überlebenschance. Lerne lieber mit dem Messer umzugehen, deine Instinkte zu trainieren. Wir müssen unverzüglich damit beginnen, deine Kondition aufzubauen. Und traue niemandem hier in Afrika, ich sage niemandem außer mir."

Folglich verbrachten Xenia und Emilia die Abende mit Liegestützen und Kniebeugen anstatt sich in der City zu vergnügen. Sie studierten Karten vom Kongo und planten Reiserouten. Sie diskutierten Verhaltensregeln für eventuelle Begegnungen mit aufrührerischen Rebellentrupps. Emilia erklärte ihrer Schwester den Unterschied zwischen giftigen und ungiftigen Schlangen, zeigte ihr, wie man aus Wurzeln sauberes Trinkwasser gewinnt; das alles natürlich nur anhand von Bildern und Büchern. Der Überlebenskampf würde noch früh genug beginnen.

Am fünften Tag ihrer Ankunft in Kinshasa schritt Emilia selbstbewusst durch das Eingangstor des amerikanischen Generalkonsulats. Die Wachen überprüften ihre Kleidung und ließen sie passieren. Xenia musste im Hotel bleiben, denn das Gespräch mit dem Stammeshäuptling war eine interne afrikanische Angelegenheit. Kurze Zeit wartete Emilia auf dem roten Teppich im Foyer, dann brachte sie eine Empfangsdame zum Zimmer des Stammeshäuptlings. Viel hatte Emilia während ihrer Kindheit von ihm gehört. Vor langer Zeit sah sie ihn sogar einmal während seines Besuches bei ihrem Stamm. Damals war das gesamte Dorf in Aufruhr. Er, der mächtige Häuptling, erschien im Leopardenfell mit einer Schleppe aus blau gefärbten Straußenfedern. Die Alten unterhielten sich mit ihm über die Zukunft, die Rebellen, das Land.

Ob er wusste, dass ihr Dorf, angezündet von den Rebellen, nieder brannte und alle Bewohner ermordet wurden?

Emilia betrat neugierig den dunklen Raum. In seiner Mitte lag ein großes Löwenfell, vor den Fenstern hingen dunkelrote Gardinen. Der Häuptling saß hinter einem überdimensionalen Schreibtisch aus dunkel lackiertem Holz und trug einen schwarzen Anzug aus feiner Seide, darunter ein weißes Hemd mit roter Krawatte. Er forderte seine Besucherin in der Landessprache auf, Platz zu nehmen. Der Häuptling zündete sich eine Zigarre an, betrachtete das vor ihm sitzende Mädchen und fragte nach langer Pause nach Namen und Anliegen. Emilia berichtete kurz von den Erlebnissen ihrer Kindheit, den Jahren in Deutschland, dann sagte sie fast fordernd: „Rebellen, die mein Dorf zerstörten, haben mich mit dem Schleichenden Tod infiziert. Meine deutsche Schwester hat durch mich den Krankheitserreger bekommen. Ich trage die Verantwortung für unser beider Schicksal. Zeige und beschreibe mir den Weg zum weisen Huchanpetu. Er soll uns heilen."

Der Stammeshäuptling erhob sich, drückte seine Zigarre im vergoldeten Aschenbecher aus, schritt zum Fenster und schaute auf die Straße. Minutenlang herrschte Schweigen. Dann setzte er sich neben Emilia auf einen Lederhocker, nahm ihre Hand und sagte: „Was mit dir, deiner Familie und deinem Dorf geschehen ist, tut mir sehr leid. Wir können diese Todesschwadronen nicht stoppen. Ich, die Regierung, die Amerikaner, wir alle versuchen seit Jahren, die mörderischen Impulse zu kanalisieren, aber es wird keinen Frieden geben. Zu groß ist das Aggressionspotenzial von Hass und Neid. Es sind acht Jahre vergangen seit ich am Feuer des weisen Huchanpetu sitzen durfte, acht Jahre. Ich weiß nicht, wo er sich im Moment aufhält, ob er sich an seine Brüder und Schwestern erinnert, ob er überhaupt noch lebt. Ich werde dir den Weg zu dem heiligen Bezirk, wo Huchanpetu lebte, aufzeichnen, doch sei vorsichtig, denn der Regenwald hat viele Geheimnisse. In zwei Tagen fliegt eine Militärmaschine zu einem Außenposten am oberen Kongo. Bis dort garantiere ich für eure Sicherheit, dann handelt ihr auf eigenes Risiko. Der Transport kostet euch fünftausend amerikanische Dollar. Solltest du bereit sein, den Pfad des Schicksals zu beschreiten, nehme die gelbe Feder aus der Vase und bringe sie Huchanpetu. Ich werde den für diesen Flug verantwortlichen General über eure Anwesenheit informieren." Emilia schluckte mehrmals aufgeregt, dann nickte sie zustimmend, schritt wortlos zur Tür und verließ das Zimmer, in der Hand die gelbe Feder.

Zurück im Hotel informierte sie ihre Schwester. Xenia hinterlegte die fünftausend Dollar an der Rezeption, der Stammeshäuptling würde den Geldbetrag abholen lassen.

Die Expeditionsausrüstung wurde noch einmal kontrolliert: Zwei Fliegerkombis der Luftwaffe, Bowiemesser, GPS-Navigator mit Karte vom Kongo, Erste-Hilfe-Ausrüstung, Wasserfilter, Leuchtraketen, Pulvernahrung und Vitaminpillen. Emilia musste lächeln bei dem Gedanken, dass sie früher als Kind allein, nur mit einem kleinen Lendenschutz aus Antilopenleder bekleidet und einem Wurfspeer in der Hand, die weite Savanne durchquerte. Sie kannte weder Furcht vor Krokodilen, noch Löwen oder Hyänen. Ihr Überleben wurde durch ihre Instinkte garantiert. Doch Xenia konnte nur mit dieser Ausrüstung überleben. Der Großvater versuchte eindringlich mit immer neuen Argumenten, seine erst sechzehnjährige Enkelin von der Expedition an den Oberlauf des Kongo abzuraten. Beim Sortieren der Ausrüstung schüttelte er immer nur schweigend den Kopf. Wie viel Vertrauen konnte er Emilia schenken? Würde sie Xenia sicher durch die Wildnis führen? Die folgenden Stunden des Wartens versetzten alle in tiefe Erregung. Wie groß waren die Bedrohungen durch Krankheit, durch Gewalttätigkeiten gefühlloser Rebellen, durch extremes Klima, durch tierisches Leben im Regenwald? Nachdem sie zwei Tage auf den gepackten Rucksäcken gesessen hatten, klingelte am dritten Tag des tatenlosen Wartens um 8.00 Uhr das Telefon. Die Dame an der Rezeption informierte Xenia, dass ein Militärjeep für den Transport bereit stehe. Schnell umarmten die Mädchen zum Abschied den Großvater, dann stürmten sie hastig die Treppen hinunter und begrüßten die Soldaten. Sie mussten auf einer Holzbank im Kofferraum Platz nehmen, das Fahrzeug der britischen Marke Defender verfügte nur über das Nötigste, um Personen zu transportieren. Mit hohem Tempo fuhren sie durch die Straßen Kinshasas, verließen das Zentrum und folgten der Trasse zum Flughafen. Dort wartete eine alte Propellermaschine auf sie mit vielleicht sechzig Soldaten und ebenso vielen Holzkisten im Rumpf. Die Mädchen wurden mit Pfiffen begrüßt, ein Oberst erklärte die Sicherheitseinrichtung: „Sollte die Maschine von Raketen getroffen werden öffnet sich automatisch die Heckklappe und alle Personen werden an ihren Fallschirmen hinausgeschleudert." Die Mädchen erhielten ihre Fallschirme, die Soldaten koppelten sie an die Sicherheitsleine an. Wenig später erhob sich das Flugzeug in den Himmel Afrikas und folgte seiner geplanten

Route. Xenia dachte an die Boeing 747 und zweifelte an dem Erfolg des Unternehmens. Obwohl stark verschmutzt, bot die kleine Glasluke einen Ausblick auf die afrikanische Landschaft. Xenia presste ihre Nase gegen das kalte Glas und erfasste mit den Augen die volle Schönheit des Kongo. Der Fluss war gigantisch, größer als jeder Fluss Deutschlands. Seine milchig braunen Wasser schlängelten sich durch ein immergrünes Dickicht aus Bäumen, Farnen, Lianen und Gräsern. Weit unter dem Flugzeug zog eine rosafarbene Wolke aus Flamingos über die stillen Wasser. Was für eine Pracht, was für ein Traum dachte Xenia. Ihre Gedanken endeten abrupt, als die Maschine heftig geschüttelt wurde. Die heißen Aufwinde der sich rasch erwärmenden Erdoberfläche sorgten für starke Turbulenzen, zumal die Maschine in nur 3000 Metern Höhe flog, also weit entfernt von der ruhigen Stratosphäre. Hier gab es keine Stewardessen, keine warme Mahlzeit, kein Entertainment; der einzige Luxus war eine halb verrostete Blechtoilette, durch deren Öffnung jedoch der Wind unangenehm blies. Die Soldaten prüften die Munition in ihren 9 mm-Pistolen. Sie wussten, dass ein

Überfall der Rebellen jederzeit möglich war. Nach vier Flugstunden landete die Maschine auf einer holprigen Graspiste inmitten des Regenwaldes. Im Laufschritt wechselten sie von dem freien Feld zum geschützten Camp zwischen den Bäumen. Schon nach zehn Minuten waren alle Kisten entladen. Die Propeller durchwirbelten die heiße Mittagsluft und das Flugzeug hob wieder ab, den Rückweg nach Kinshasa antretend. Das Soldatencamp bestand aus einem Haupthaus, das aus Holzstämmen errichtet worden war und vielleicht zweihundert Zelten. Xenia war das einzige weiße Geschöpf zwischen fünfhundert Schwarz-Afrikanern, dazu noch weiblich und jung. Der Oberbefehlshaber des Lagers begrüßte die Mädchen und stellte sie unter seinen persönlichen Schutz. Immerhin waren sie Gesandte des Stammesführers und deutsche Staatsbürger, seltene Gäste hier in der Wildnis des Kongo. Emilia musste dolmetschen, denn ihre Schwester verstand kein einziges Wort, war aber sehr wissbegierig. Sie erkundigte sich nach der Geografie des Regenwaldes, nach den Pflanzenstrukturen und der tierischen Besiedlung, aber auch nach den Aufgaben des Außenpostens, nach den Rebellen, einem möglichen Rückflug nach Kinshasa. Wenig später erhielten die Mädchen ein eigenes Zelt mit zwei Wachposten. Die Verpflegung bestand hauptsächlich aus dem, was die Umgebung hergab. Soldaten grillten mehrere Waldschweine an Spießen über den Feuerstellen, dazu kochten sie verschiedene Knollen in großen gusseisernen Töpfen ab. Die Mädchen erholten sich kurz im Zelt von dem anstrengenden Transport, sortierten dann ihre Ausrüstung und wurden gegen Abend an den Tisch des Kommandanten gebeten. Auf jedem Teller lag eine große gekochte Wurzel, sie schmeckte wie Süßkartoffel, dazu wurden zwei Scheiben Schweinefleisch gegessen. Zu trinken gab es frisch gebrühten Tee mit Zucker, Zugeständnis an die Zivilisation. Nach einer Weile brachte ein Soldat drei Teller mit grauer Fleischmasse. Der Kommandant forderte die beiden Mädchen auf zu probieren, denn es handle sich hier in der Wildnis um eine ausgesprochene Köstlichkeit. Emilia griff sofort zu, Xenia kostete vorsichtig, nachdem sie zuvor ihre Schwester beobachtete. Diese schien erfreut an dem

Geschmack und so siegte Xenias Neugier. Das graue, leicht körnige Fleisch schmeckte wie Königsberger Klopse. Xenia verspeiste alles vom Teller.

Nach vier großen Tassen Tee musste sie dringend auf die Toilette und Emilia begleitete sie dorthin. Die Toiletten waren provisorische Hütten aus Buschgras mit einem geschaufelten Loch im Erdreich und zwei Holzbalken zum Abstützen. Mit ein wenig Geschick ließ sich das Nötigste erledigen. Emilia begleitete ihre Schwester zurück ins Camp. Mit einem leichten Lächeln fragte sie Xenia: „Kannst du erraten, was du gerade gegessen hast?" Xenia verneinte und Emilia führte sie ein wenig abseits an eine frische Grube. Dort lagen mehrere gespaltene Affenschädel, denen das Gehirn entnommen war. Xenia fiel sofort zu Boden und musste fürchterlich erbrechen. Emilia sagte hart: „Gewöhne dich an die Gegebenheiten der Wildnis, du bist nicht in Deutschland." Dann schritt sie allein davon, Xenia folgte später, nachdem sich ihre Nerven beruhigt hatten. Emilia erzählte dem Kommandanten, dass sie ihre Schwester über das Mahl aufgeklärt hatte. Dieser lachte rau und klatschte sich vor Freude auf die dicken Oberschenkel. Ja, das weiße Mädchen aus Germanien; dann mit ernster Miene und festem Blick zu Emilia gewandt: „Willst du wirklich das Wagnis eingehen und mit deiner Schwester den Tempel der weißen Löwen suchen?" Emilia erzählte ihm von dem „Schleichenden Tod" und sagte: „Wir haben nur diese einzige Chance zu überleben. Ansonsten können wir gleich in den Fluss springen und den Krokodilen ein willkommenes Mahl bieten." Der Kommandant antwortete mit ruhiger Stimme: „Gut, morgen ist Aufbruch. Ich gebe euch sechs Soldaten zur Begleitung mit. Im Moment wissen wir nicht, wo sich die Rebellen aufhalten, aber allein schafft ihr die hundert Kilometer bis zum Tempel auf keinen Fall." Herzlich dankte Emilia für diese großzügige Unterstützung ihrer Expedition. Kurz vor Einbruch der Dunkelheit wurden die Mädchen im Umgang mit halbautomatischen Waffen trainiert: Magazine laden, entsichern, zielen, Feuersalve, nachladen, sichern. Den Umgang mit den Waffen mussten sie perfekt beherrschen, die Waffe als ein Stück ihres eigenen Körpers betrachten. Die Bowiemesser aus

Deutschland konnten sie zum Blumen-schneiden verwenden. So nahmen die Mädchen das Gewehr mit in die Schlaf-koje. Sie umschlangen es mit ihren schmalen Armen, gewöhnten sich an den metallenen Geruch.

Die erste Nacht in der afrikanischen Wild-nis wurde für Xenia zum Alptraum. Schon sehr bald lauschte sie angespannt nach den vielen Lauten aus dem Regenwald. Affen kreischten in den Wipfeln, Waldele-fanten trompeteten am Fluss, in weiter Ferne brüllte ein einzelner Löwe. Der Mond stieg höher und höher, erste Sterne zeigten ihr Funkeln am Firmament. Sie fragte sich still, wie sicher waren die Zelt-wände? Ein Leinentuch gegen dreihun-dert Pfund Lebendgewicht eines hungri-gen Löwen. Fester zog sie das kalte Gewehr an ihren heißen Körper, jederzeit bereit, das zwanzig Schuss fassende Magazin abzufeuern. Sie erinnerte sich an die Beratung beim Kauf der Bowie-messer. Der Verkäufer schwärmte damals von dieser Universalwaffe schlechthin. Sie musste lächeln, die scharfen Krallen des Löwen waren wahrscheinlich länger als die Klinge ihres Messers. Dann kreisten ihre Gedanken um die Kleinen im Tierreich. Was war mit all den giftigen Schlangen, Spinnen und Skorpionen? Sie konnten doch mit Leichtigkeit durch die Ritzen in den Zeltplanen hindurchschlüpfen. Sie, Xenia, das Mädchen aus Deutschland, ein leichtes Opfer der brutalen Wildnis.

Irgendwann siegte die Müdigkeit und Xenia schlief, als gäbe es keinen Morgen. Als die rote Scheibe der Morgensonne am Horizont erschien, weckte sie Emilia mit einem sanften Kuss. „Aufbruch", flüsterte ihre Schwester. Die Soldaten begutachteten mit fachkundigem Blick das Gepäck der Mädchen, sortierten die Hälfte aus und bereiteten sich zum Abmarsch vor. Der Kommandant schüttelte allen lange die Hand, klopfte dem Gruppenführer auf die Schulter und sagte eindringlich: „Bringe die beiden Engelchen sicher zurück." Die Gruppe setzte sich in Bewegung, nahm die beiden Mädchen in die Mitte. Vor ihnen lagen etwa einhundert Kilometer Hinweg, einhundert Kilometer Rückweg durch den Regenwald am Oberlauf des Kongo. Sie würden vielleicht vier bis fünf Tage brauchen, den heiligen Bezirk des Huchanpetu aufzuspüren. Ungewiss war, ob sich der weise Medizinmann dort überhaupt aufhielt. Schweigend folgte die Gruppe den ausgetretenen Pfaden der Waldelefanten. Diese Pfade und die Flussläufe boten ihnen die Möglichkeit, größere Distanzen in kürzerer Zeit zurückzulegen. Der Gruppenführer gab die Orientierung mit Kompass, militärischer Karte des Gebietes und mittels Stand der Sonne vor. Sie durchquerten mehrere Bachläufe, schlängelten sich durch Lianen hindurch, klommen an umgestürzten Baumriesen empor. Schon nach den ersten fünf Kilometern spürte Xenia die Grenzen ihrer Kondition. Sie triefte am ganzen Körper. Ohne zu zögern, flocht sie ihre langen blonden Haare zum Zopf und schnitt diesen an seiner Wurzel mit ihrem Bowiemesser ab. Wozu Haare in dieser Wildnis dachte sie, so ist mein Messer doch noch zu etwas nützlich. Der Rucksack, obwohl schon zur Hälfte geleert, wurde schwerer und schwerer. Hinzu kam das Gewicht des Gewehres, aber das Gewehr war wichtiger als der Inhalt des Rucksackes. Sorgfältig prüfte sie die Sicherung ihrer halbautomatischen Waffe. Der Schieber stand auf Grün, das bedeutete gesichert, Rot hieß

Schussfreigabe sobald der Abzug betätigt wird und das konnte schon passieren, wenn sie versehentlich ausrutschte. „Oberstes Gebot beim Marsch: Waffe gesichert." Die Worte des Kommandanten klangen noch in ihrem Ohr nach. Nach zehn Kilometern erfolgte die erste Rast. Der Gruppenführer entschied: „Wir versuchen pro Tag 25 Kilometer zu schaffen, dann halten wir die vorgegebene Zeit ein." Xenia hatte nun Muße, sich umzusehen. Sie befand sich in einer gigantischen Kathedrale aus alten Urwaldriesen. Moose und Flechten umwoben die rissigen Rinden wie die Netze von Spinnen aus der Urzeit. Es herrschte ein fahles Licht. Mehrmals wurden die Strahlen der Sonne gebrochen, bevor sie den Waldboden erreichten. Doch war das ein Segen, denn die afrikanische Sonne brannte erbarmungslos vom Himmel und ohne den Schutz des Blätterdaches hätten sie erheblich schneller dehydriert. Zu ihren Füßen regte sich der Mikrokosmos. Überall krabbelten bunt schillernde Käfer, rote Riesentermiten, deren Zangen dem menschlichen Fuß schwere Wunden zufügen konnten. Zum Glück trug sie kniehohe Stiefel aus speziell gehärtetem Leder. Noch war sie keiner Schlange begegnet, aber wahrscheinlich würden ihre Augen die perfekt getarnten Vipern sowieso nicht wahrnehmen. In dieser Hinsicht verließ sie sich ganz auf Emilia, die grundsätzlich einige Schritte vor ihr lief und den Weg nach möglichen Gefahren absuchte. Die nächsten zehn Kilometer bewältigte Xenia wesentlich leichter; es schien als würde sich ihr Körper den Bedingungen anpassen, die Muskeln straffen, Sehnen dehnen und das Gehör schärfen. Plötzlich hielt der Gruppenführer seine Faust in die Luft, das allgemeine Gefahrensignal. Die Gruppe erstarrte sofort, keiner wagte eine Bewegung, nicht einmal die angehobenen Füße wurden abgesetzt. Rebellen, schoss es Xenia durch den Kopf. Obwohl verboten, schoben ihre schmalen Finger den Schieber ihres Gewehres auf Rot. Fast lautlos schob sich in etwa zehn Metern Entfernung eine Herde Waldelefanten, bestehend aus der Leitkuh, zwei Jungbullen und fünf Kälbern, durch das Dickicht. Die Leitkuh hob kurz den Rüssel, sog die kühle Waldluft ein. Sie spürte keine Gefahr, keine verdächtige Witterung. Der Wind, falls es überhaupt

Wind gab, stand günstig. So schnell wie die Elefanten erschienen, verschwanden sie auch wieder. Elefanten schreiten ungefähr mit der fünffachen Geschwindigkeit des Menschen voran. Dennoch war die Sorgfalt des Gruppenführers berechtigt. Angreifende Jungbullen konnten lebensgefährlich sein, und es hätte allen leid getan, die Magazine auf die schönen Tiere abzufeuern. Dasselbe galt für die seltenen Waldgorillas; doch war ihr Bestand durch die Wilderer soweit dezimiert, dass die Chance ihnen zu begegnen als gering eingestuft wurde. Kaum war die Rede von Wilderern, zeigte einer der Soldaten den Mädchen wenig später eine sorgfältig angelegte Drahtschlinge. Sie wurde benutzt, um kleine Waldböcke zu fangen, die hauptsächlich den Menschen als Nahrung dienten. Gefährlicher waren die Fallgruben mit ihren scharfen Speeren. Doch kennzeichneten die Wilderer ihre Gruben mit runden Kreisen aus geschälten Lianen, ein Zeichen, das auch die Soldaten kannten. Eigentlich verlief ihr Weg immer parallel zum Kongo, doch erblickten sie ihn nie. Üppigste Vegetation versperrte den Bick. Es wäre auch nicht einfacher gewesen, mit Booten den Fluß zu befahren, denn Stromschnellen und zahlreiche Wasserfälle beherrrschten den Verlauf des Kongo. So zog es die Gruppe vor, sich zu Fuß im Waldinneren zu bewegen. Nach zwölf Stunden Marsch wählte der Gruppenführer einen schönen Rastplatz in der Nähe einer Lichtung, mit einem kleinen Tümpel.

Die Lichtung bestand aus hohem Elefantengras und bot einen guten Ausblick auf Antilopen, die behutsam zur Tränke zogen. Emilia erklomm geschickt einen Urwaldriesen und zeigte aufgeregt hinüber zum Tümpel. Sie rief Laute auf afrikanisch und einige Soldaten gesellten sich zu ihr. Auch Xenia überwand ihre Erschöpfung und kletterte auf die natürliche Aussichtsplattform. Dort im hohen Gras, in der Nähe des blauen Wassers, befand sich eine Gruppe Waldgorillas. Das große Männchen mit deutlichem Silberstreifen auf dem muskulösen Rücken spielte friedlich mit drei seiner bezaubernden Töchter. Die anderen Gorillas ernteten Wasserpflanzen und verspeisten diese genussvoll. Die Abendsonne tauchte die Lichtung in ein rötliches Licht, es herrschte eine angenehme Kühle.

Dazu der Anblick dieser wunderschönen Menschenaffen. Xenia war glücklich, so glücklich, dass sie fast den Grund ihrer Mission vergaß. Ihr Herz öffnete sich allmählich dem afrikanischen Kontinent, dem Regenwald, der die Sonnenstrahlen filterte, der Dynamik der Vegetation, dem mächtigen Strom, der berauschenden Vielfalt an Geschöpfen, die hier nebeneinander existierten. Sie lauschte dem Klang der hereinbrechenden Nacht und umarmte ihre Schwester. „Oh, Emilia, deine Heimat ist wundervoll", waren ihre letzten Worte bevor sie einschlief. Die Gruppe übernachtete in den Kronen der Bäume, festgezurrt mit synthetischen Seilen. Zu gefährlich war der Waldboden; eine Gruppe Elefanten könnte unbemerkt herankommen und die schlafenden Menschen niedertreten. Auch für Leoparden war ein Überfall auf die Menschen am Boden leichter als in den Baumkronen, wo die Gruppe dicht beisammen lag. Dennoch hielten immer zwei Soldaten abwechselnd Wache, nur die Mädchen durften ungestört und behütet schlafen. Als Xenia mit Anbruch des nächsten Tages erwachte, spürte sie, dass die afrikanische Wildnis ihre ungeheure Lebensenergie an sie weitergab. Sie betrachtete ihren Körper und entdeckte ein neues Mädchen, ein Geschöpf dieses natürlichen Lebensraumes, geschaffen, um mit der Natur in Einklang und Harmonie zu leben. Sie spürte keine Gefahr mehr, sondern öffnete ihr Herz voll und ganz der Wiege des Lebens. So stand sie erhobenen Hauptes neben ihrer schwarzhäutigen Schwester in der höchsten Krone der Lichtung und beide Mädchen hoben ihre Hände zum Gruß der aufgehenden Sonne Afrikas entgegen.

Emilia war im vollen Besitz ihrer Kräfte und widerstandsfähig gegenüber allem physiologischen Stress. Bewundernd schaute sie auf ihre Schwester und begrüßte deren Flexibilität. Vergessen war Deutschland, die verfeinerte Lebensweise, eingeübt durch kulturelles Lernen. Hier im Herzen Afrikas wollte Xenia leben, sich in ihre Umgebung einpassen und mit ihr zurechtkommen. Sie klagte nicht mehr über geschwollene Füsse oder schmerzende Waden. Sie wurde von einer zunehmenden Energie beflügelt, die ihre animalischen Instinkte stärkte und das vordefinierte gesellschaftliche Benehmen schnell vergessen ließ.

Um ihren Kopf sah sie aus wie eine wilde Bantu, ihre Augen zeigten ein sprühendes Feuer, wie es Emilia bei ihrer Schwester nie zuvor gesehen hatte.

Das Tempo der Gruppe konnte durch den Wandel Xenias merklich erhöht werden. Gegen Mittag des zweiten Tages erreichten sie einen schwarzen Fluss. Die Farbe rührte von einer starken Morastschicht im Flussbett her. Sie mussten ein Floß bauen, um den Fluss zu überqueren. Dazu wurden mehrere Baumstämme mit den Macheten der Soldaten gefällt und sorgfältig zusammengebunden. Das so entstandene Floß hatte eine Tragkraft für etwa acht Personen. Gespannt schaute Xenia während der Überfahrt zum anderen Ufer. Dort war der berüchtigte Nebelwald, in dem sich der heilige Bezirk verbarg. Behutsam schob die Gruppe das Floß ans Ufer, sie würden es für den Rückweg brauchen. Emilia hielt Xenias Hand und flüsterte: „Hier leben die Geister der verstorbenen Medizinmänner und Stammesführer." Langsam schritt die Gruppe entlang eines kleinen Pfades durch den Nebelwald. Die knorrigen Baumriesen waren von grauen Flechten überzogen.

Sie erschienen im fahlen Licht wie die unheimlichen harten Fratzen verstorbener Hexen. Es roch stark nach faulen Eiern. Überall im Wald gab es kleine Tümpel, aus denen heißer Dampf aufstieg. Die Luft war salzig und rau, Wassertröpfchen legten sich auf die Haut der Eindringlinge nieder. Von Zeit zu Zeit vernahmen sie fauchende und zischende Laute, das Wasser schien zu kochen, schäumte und stieg als Fontäne in die Höhe.

Hier zwitscherte kein Vogel, keine Antilope kreuzte ihren Weg, ja selbst die starken Waldelefanten schienen den Nebelwald zu meiden.

Der Gruppenführer mahnte, dicht hinter ihm zu bleiben und auf keinen Fall den Pfad zu verlassen. Überall lauerten Gefahren im Untergrund, jederzeit konnte der Erdboden nachgeben und die Menschen für alle Ewigkeit verschlucken.

Nach mehreren Stunden mühsamer Fortbewegung blieb die Gruppe wie angewurzelt stehen. Vor ihnen erhoben sich die kolossalen Säulen eines verwunschenen Tempels mitten im Nebelwald. „Die Position auf der Karte war also doch korrekt", murmelte der Gruppenführer.

Neben der Haupttreppe lagen die gewaltigen Skulpturen zweier Mähnenlöwen auf der Lauer. Ihre steinernen Gesichter waren so ausdrucksstark und bedrohlich, dass bei ihrem Anblick das Blut in den Adern zu gefrieren schien. Welches Volk mochte diesen Tempel errichtet haben, fragte sich Xenia mit offenem Mund und vom Salz gesprungenen Lippen. Die Soldaten entsicherten ihre Gewehre und schritten langsam die etwa dreihundert Stufen empor. Xenia und Emilia folgten im Abstand von vielleicht zehn Metern.

Den Eingang bildeten drei Säulen, auf denen eine vergoldete Scheibe ruhte. Im Inneren des Tempels gab es einen labyrinth-ähnlichen Garten mit fremdartigen Früchten. Glasklare Quellen sprudelten zwischen den massiven Steinplatten empor. Der Tempel ruhte wie ein offener Quader im Regenwald. Völlig unerklärlich schien es Xenia, welches Volk jemals diese mächtigen Steinplatten bewegt haben soll. Sie lief noch immer mit offenem Mund entlang der gewaltigen Säulen, berührte den kalten Stein mit der Innenfläche ihrer zierlichen Hand, als Emilia sie plötzlich festhielt. „Schwester, ist dir aufgefallen, dass es hier trotz der vielen Früchte und des klaren Wassers keinen einzigen Vogel, keine Eidechse, keine Schlange, ja überhaupt kein Leben gibt? Warum gibt es hier trotz des Überflusses keine Tiere?" Der Anführer der Gruppe erwähnte den ausgetretenen Pfad durch den Nebelwald. Solche Pfade legen eigentlich nur Waldelefanten an. Plötzlich rief einer der Soldaten aufgeregt: „Hierher, kommt hierher." Die Gruppe lief vielleicht fünfzig Meter in Richtung des Rufenden und stand dann auf einer Steinplattform. Was sie sahen, verschlug allen die Sprache. Xenia zitterte am ganzen Körper und griff nach Emilias Hand.

Vor ihnen lag ein kreisrunder Kessel aus abgerundeten Steinplatten. An den senkrechten Wänden des Kessels hingen rot blühende Orchideen. Der Pfad aus dem Nebelwald führte durch die einzige Öffnung des Kessels. In seinem Innern lagen die Skelette unzähliger Waldelefanten. Die Tiere kamen an diesen Ort um zu sterben, sie wählten diesen Platz im heiligen Bezirk als letzte Ruhestätte.

Die Gruppe verließ, tief berührt von dem Gesehenen, den Kessel und begann, die

Rückseite des Tempels zu erkunden.

Inmitten einer Orchideenwiese, umgeben von sechs Säulen, stand eine Hütte, so wie sie Emilia aus ihrer Kindheit kannte. Der Anführer zeigte auf die Hütte und sagte: „Dort ist eure Bestimmung, lasst die Gewehre, die Messer und Rucksäcke hier, schreitet zu ihm unbewaffnet und mit offenem Herzen."

Die Mädchen legten alle Gegenstände auf die Erde und schritten zaghaft auf die Hütte zu. Mit leicht zitternden Knien standen sie im Eingang und schauten in das Innere der Hütte. Von Löwenfellen und Elfenbeinen umgeben, saß dort der weise Medizinmann Huchanpetu auf einer Kapokwurzel.

Seine Haare waren weiß, für einen Afrikaner sehr ungewöhnlich. Unergründlich blickten seine dunklen Augen auf die Mädchen, die am Eingang warteten. Er trug eine Kette aus den Fangzähnen des Löwen, seine Stirn schmückte ein Band aus der Haut des gefürchteten Felsenpython. Die faltigen Hände erhoben sich zum Gruß. Die Mädchen betraten mit Beklemmung das Innere der Hütte und nahmen auf den weichen Löwenfellen Platz. Huchanpetu sprach mit sanfter

Stimme zu ihnen gewandt: „Ich habe euch kommen hören, die Trompeten der Waldelefanten warnten mich schon, bevor eure Gruppe den Nebelwald erreichte. Doch sagt, was führt euch zu mir? Warum habt ihr diese mühselige Reise auf euch genommen?" Mit fester Stimme erzählte Emilia daraufhin dem weisen Medizinmann ihre Lebensgeschichte. Tief bewegt und mit Tränen in den Augen schilderte sie das gemeinsame Schicksal, das sie und ihre weiße Schwester teilten. Huchanpetu ergriff die Hände der beiden Mädchen und sprach zu Emilia: „Ich kann euch von dem Schleichenden Tod befreien." Xenia verstand kein Wort, aber sie beobachtete die Blickkontakte zwischen dem alten Mann und Emilia und erahnte, dass es Emilia gelungen war, Huchanpetu zu öffnen für ihre Rettung. Gemeinsam verließen sie die Hütte und begaben sich in einen kleinen Steinraum vor den Hauptsäulen des Tempels. Dort befand sich ein Steinbecken mit heißem, schwefelhaltigem, sprudelndem Wasser. Der Medizinmann deutete auf das Becken und sagte zu Emilia: „Legt eure Kleidung ab und taucht in das heilige Wasser. Ihr müsst rein sein, wenn ich den Schleichenden Tod in euch besiegen soll." Die Mädchen taten was ihnen befohlen und wurden schläfrig von den heißen Dämpfen. Doch glänzte ihre Haut wie neugeboren nachdem sie das Becken verließen. Unbekleidet folgten sie Huchanpetu in ein weiteres Zimmer aus Steinen. Dort befanden sich vier mit Antilopenhäuten bedeckte Steinbetten. „Legt euch nieder", sagte der Medizinmann mit leiser, sanfter Stimme. Er öffnete einen kleinen Steinkrug und entnahm diesem einen Becher aus Ton. Mit dem Becher schritt er zu einem weiteren Steinkrug, aus dem er mit schnellem Handgriff eine pechschwarze Viper holte. Die Viper war ungefähr einen Meter lang, hatte schwarze Schuppen, die geheimnisvoll im schwachen Licht des Tempels funkelten und sattgrüne Augen. Huchanpetu ließ die Viper einmal in den Steinkrug beißen. Dabei schoss aus ihren kleinen, messerscharfen Säbelzähnen eine klare Flüssigkeit. Der greise Medizinmann streichelte der Viper mit dem Daumen über den Kopf und sprach unverständliche Worte zu dem Tier. Dann legte er sie zurück in den Steinkrug. Nun schritt er zu einem dritten Steinkrug, entnahm diesem eine kleine Echse, brach ihr schnell das Genick und tat das noch warme Tier in den Steinkrug der schwarzen Viper. Sie hatte eine Belohnung für das Speien des Giftes verdient.

Huchanpetu holte den Eckzahn eines jungen Löwen aus seinem Brustbeutel und machte damit einen tiefen Schnitt in den Unterarm eines jeden Mädchens. Auf die blutenden Wunden tröpfelte er das Schlangengift, so dass es, vermischt mit dem Blut, in die Haut eindringen konnte. Schon nach wenigen Sekunden zeigte sich eine erschreckende Wirkung. Die Mädchen hatten Krämpfe am ganzen Körper, die Venen schwollen gefährlich an, ihr Puls begann zu rasen. Schweißperlen bildeten sich auf der Stirn, die Lippen liefen blau an, die Pupillen weiteten sich, ihre Zungen rollten sich verkrampft zusammen und hätten sie fast erstickt. Jeder Arzt hätte Huchanpetu sofort vor ein Gericht gebracht und ihn der versuchten fahrlässigen Tötung beschuldigt; der greise Medizinmann, der ein Mythos war, der in einer Traumwelt lebte und doch alles wusste, verließ ruhig den Raum. Die Soldaten bat er mit freundlicher Stimme, ein bis zwei Stunden am Fluss auf die Mädchen zu warten. Dann begab er sich in den nahe liegenden Orchideengarten, um zu meditieren. Nach etwa einer Stunde kamen die Mädchen aus einer Art Wachkoma wieder zu sich und betrachteten völlig verwirrt sich und den Raum, in dem sie lagen. Was war geschehen? Hatten sie gerade den Schrecken des Sterbens durchlebt, um wieder lebendig und gesund zu sein? Sie setzten sich auf die Steinbetten und betrachteten ihre Körper. Bis auf eine deutliche Rötung am leicht geschwollenen Unterarm und etwas geronnenem Blut konnten die Mädchen nichts Ungewöhnliches feststellen. Schnell verließen sie das Steinzimmer, in dem sich noch immer die schwarze, unheimliche Viper in einem Krug befand, zogen ihre Kleidung an und folgten dem Pfad der Waldelefanten hinunter zum Fluss. Dabei nahmen sie noch wahr, dass im Bereich des Tempels eine Art Mikroklima herrschte. Es roch weder nach fauligen Eiern noch war die Luft salzig oder mit Wassertröpfchen durchmischt. Sollten die dreihundert Stufen genügen, um in dieser Höhe den Dämpfen des Nebelwaldes zu entkommen? Waren deshalb die Skelette der Waldelefanten so gut erhalten, weil die Luft im Tempelquader extrem trocken war? Zu welchem Zweck wurde der Tempel vor unbekannten Jahren an dieser Stelle errichtet? Viele offene Fragen beschäftigten Xenia, als sie mit Emilia nach hastigem Durchqueren des Nebelwaldes die Gruppe der Soldaten am Fluss erreichte. „Ich hoffe, Huchanpetu konnte euch helfen", sagte der Anführer der Soldaten und fuhr fort: „Es wird Zeit, den Rückweg anzutreten." Die Mädchen fühlten sich bei Kräften. Schnell überquerte die Gruppe mit Hilfe des selbstgebauten Floßes, das sie am Ufer verankert hatten, den Fluss. Nachdem sie übergesetzt hatten, zerstörten die Soldaten das Floß, übergaben die Stämme dem Fluss, um alle Spuren zu verwischen. Xenias GPS-Navigator zeigte eine Distanz von genau 89 Kilometern zum Soldatencamp, natürlich Luftlinie. Effektiv kamen noch einmal 10-15 Kilometer hinzu, da die Pfade nicht geradlinig verliefen. Nach einem zwölfstündigen Marsch erreichten sie wieder ihr Zwischenlager an der Lichtung, wo sie die Berggorillas beobachtet hatten. Die Tiere waren nicht mehr zu sehen, trotzdem bezogen die Mädchen Position in der Baumkrone und hielten Ausschau nach vorbeiziehenden Tieren. Spät am Abend, es herrschte vollkommene Finsternis, der Himmel war mit dichten Regenwolken bedeckt, fragte Xenia ihre Schwester: „Denkst du, das HI-Virus, der Schleichende Tod, ist besiegt?" „Ich bin mir ganz sicher", antwortete Emilia überzeugend, „Huchanpetu ist ein großer Medizinmann, dem eine starke Kraft innewohnt, er weiß, was er tut. Die tödliche Gefahr ist gebannt."

„Wie und warum hat er uns geholfen, wir waren ihm unbekannt und brachten keine Geschenke", Xenia schüttelte den Kopf, weil sie die Vorgänge noch immer nicht auf realistische Weise verarbeiten konnte. Emilia schaute ihr in die Augen und erwiderte: „Hier in der Wildnis ist es selbstverständlich, dass Medizinmänner heilen, ohne Geld oder Geschenke einzufordern. Einmal im Monat bringen Gesandte der Savannenvölker getrocknetes Fleisch, Felle, Salz und Tabak; das genügt Huchanpetu, um zu überleben und zu meditieren." „Woher weißt du das", fragte Xenia. „Er selbst hat es mir erzählt, und auch erwähnt, dass er früher oft seinen Aufenthaltsort wechselte, auf der Hut vor den Rebellen. Der heilige Bezirk wird von den Waldelefanten beschützt, die Rebellen trauen sich nicht in seine Nähe." Xenia schaute auf die Lichtung. Morgen würden sie das Camp erreichen, bald nach Kinshasa zurückfliegen. „Begleitest du mich nach Deutschland?" Emilia schüttelte energisch den Kopf: „Meine Heimat ist hier am Kongo. Deine Mutter hat mein Leben gerettet und mir als Waisenkind ein neues Zuhause gegeben. Deine Mutter ist tot und kann nicht mehr Wärme und Liebe ausstrahlen. Ich bin jetzt erwachsen und muss ein eigenes Leben führen. Ich werde zurückkehren in die Savanne, versuchen, ein bewohntes Dorf zu finden und mit den Ältesten sprechen, ob sie mich in der großen Familie aufnehmen." „Soll ich mit dir gehen?" fragte Xenia. „Nein, du bist kein Kind der Savanne. Deine Aufgabe besteht darin, die Botschaft nach Europa zu bringen, dass es ein Mittel gegen den Schleichenden Tod gibt." Emilia weinte: „Afrika, meine Heimat, stirbt. Das erworbene Immundefektsyndrom tötet sogar schon Kinder. Gehe zurück nach Deutschland, sage den Ärzten, dass es im Regenwald Medizin gibt, um Menschen von AIDS zu heilen, doch diese Medizin ist fortwährend bedroht, bedroht von machthungrigen politischen Führern." Xenia nahm die Hand ihrer Schwester: „Ich werde versuchen, ein Sprachrohr zu sein für dein Land, deine Heimat. Doch bin ich erst sechzehn Jahre jung, erwarte bitte nicht zuviel von mir. Zunächst werde ich in die Klinik zu Prof. Sommer gehen und mein Blut auf HIV analysieren lassen. Ich habe noch kein Vertrauen in das Gift dieser schwarzen Viper." „Schade", entgegnete Emilia, enttäuscht von Xenias kühler Haltung. „Lerne zu vertrauen; in den Händen von Huchanpetu liegt ein großes, noch ungenutztes medizinisches Potenzial." Beide Schwestern lehnten sich aneinander und versuchten ein wenig Schlaf zu finden. Noch bevor das Licht des neuen Tages die Regenwälder am Kongo erhellte, stand die Gruppe lauschend in der Baumkrone und horchte angespannt in die Dunkelheit. Alle Gesichter waren angespannt, von Angst gezeichnet, Ganz in der Nähe hörten sie mehrere

Schüsse, vermischt mit dem heftigen Trompeten der Waldelefanten. Rebellen, war der erste Gedanke von Emilia, was sollten sie tun? Die Soldaten gaben sich stumme Zeichen. Dann verließen sie fast geräuschlos die Baumkrone und liefen im Schutz der Dunkelheit in Richtung der Schüsse. Ohne zu zögern folgten ihnen Emilia und Xenia, beide bereit, ihr Leben zu riskieren. Nach einigen Minuten erreichten sie eine zweite Lichtung. Was sie dort in der Dämmerung der aufgehenden Sonne sahen, verschlug ihnen die Sprache.

Auf der Lichtung befand sich ein Lager der Rebellen und es wurde angegriffen von einer Gruppe Waldelefanten. Vielleicht zwanzig Bullen wüteten mit erhobenen Rüsseln, weit aufgestellten Ohren und blanken Stoßzähnen zwischen den Zelten der Rebellen. Drei von den mächtigen Tieren lagen erschossen im Gras, ihr Blut färbte die Erde rot. So gewaltig die Kraft der Elefanten auch war, gegen die Salven aus den Gewehren der Rebellen hatten sie keine Chance. Ohne weitere Absprache kämpften die Soldaten mit Emilia und Xenia sofort auf der Seite der Waldelefanten und griffen die Rebellen an. Es folgte ein heftiger Schusswechsel. Xenia sprühte vor Wildheit; sie zielte ohne zu überlegen auf die umhereilenden Rebellen. Acht Gewehre gegen fünfzig. Doch waren die Rebellen durch die wütenden Attacken der Elefanten abgelenkt. Sie konnten sich auf keinen Feind konzentrieren und verloren die Übersicht. Staub wirbelte durch die Luft, Zeltplanen lagen zerfetzt am Boden, Elefanten zerschmetterten das Rückrat von Rebellen mit einem einzigen Schlag des Rüssels. Alles was unter ihre Füße geriet, wurde von dem Eigengewicht gnadenlos zermalmt. Verschreckt schrieen Äffchen in den Wipfeln der Bäume, Waldböcke sprangen in panischer Flucht durch das hohe Gras der Lichtung. Xenia hatte schon zwei Magazine verschossen, das dritte gab sie ihrer Schwester, denn Emilia nahm Rache, Rache wegen Tod und Vergewaltigung, Rache wegen Brandschatzung und Ausplünderung. Mit dem Bild ihres zerstörten Dorfes vor Augen tötete sie ohne Scheu einen Rebellen nach dem anderen. Sie hatte den entscheidenden Vorteil, sich in Deckung hinter den Waldelefanten zu befinden, die einen Kreis um das Lager bildeten und jeden Fluchtversuch verhinderten. Systematisch wurde das Lager dem Erdboden gleich gemacht. Bald war keiner der Rebellen mehr am Leben; die Waldelefanten zogen von dannen. Emilia war wie im Rausch. Sie lief durch das zerstörte Lager, ihre Waffe schussbereit im Anschlag und prüfte den Puls von jedem am Boden liegenden Rebellen, während die Soldaten die Umgebung absicherten. In der Mitte des Platzes stand Emilia über einem Rebellen gebeugt, der sich verwundet am Boden krümmte und vor Schmerzen stöhnte. Xenia eilte zu Emilia. „Schau auf die Uniform, drei Sterne, er ist der Anführer, der General."

„Wir sollten ihn mitnehmen und dem Gericht in Kinshasa übergeben", schlug Xenia vor. „Gericht, welches Gericht", erwiderte Emilia kopfschüttelnd. „In Kinshasa bekommt der Recht, der dem Richter die meisten Dollarnoten in die Tasche schiebt. Ich wette, der hier hat viele Dollarnoten." Wieder bedrängten sie die Bilder von der Nacht, in der sie ihre Kindheit verlor, das brennende Dorf, die hingerichteten Familien.

„Für den ist eine Kugel viel zu schade." Emilia zog das Bowiemesser aus dem

Ledergürtel und stieß dem verwundeten Rebellenführer die Klinge direkt ins Herz. Mit einem letzten gurgelnden Laut sackte er zusammen. „Auch das ist Afrika", rief Emilia ihrer erblassenden Schwester trotzig zu, während sie mit der Hand das Blut von dem Messer wischte.

Mit Hilfe der Soldaten wurden die toten Rebellen in Zeltplanen gewickelt, aufeinander gestapelt und mit trockenem Gras bedeckt. Ein Soldat gab Emilia sein Feuerzeug. Emilia zündete den Stapel an und nach wenigen Minuten brannte das Feuer lichterloh. Die Leiche des Generals wurde gesondert an einen Ast gebunden, das würde seine Anhänger abschrecken.

Die Mädchen hielten sich schweigend an den Händen. Sie schauten in die Flammen und versuchten zu verarbeiten, was an diesem frühen Morgen geschehen war. Schließlich mahnten die Soldaten zur Eile, denn es war nicht bekannt, ob umherziehende Rebellentruppen ihre Spuren entdecken würden. Für einen neuen Kampf fehlte ihnen die Munition, eine Niederlage wäre gewiss. So folgte die Gruppe den bekannten Pfaden zurück zum Camp der Soldaten. Durch den Zwischenfall am Morgen mussten sie eine weitere Nacht in der Wildnis verbringen. Xenia war traurig. Sie dachte an die baldige Trennung, denn Emilia würde nie mehr nach Deutschland kommen. Wie viele gemeinsame Jahre hatten sie verbracht. Die gefährlichen Abenteuer in den Wäldern und Feldern, das tägliche Ausreiten auf den Ponys. Es war eine schöne und freie Kinder- und Jugendzeit, der Tod Sylvias hatte sie abrupt beendet. Hier in der Wildnis waren ihre Gesichter von den Strapazen gezeichnet. Xenia fühlte sich nicht mehr als junges Mädchen, sondern als eine erwachsene Frau. So wenige Tage konnten ein ganzes Leben verändern. Sie war gealtert, hatte Menschen getötet und kein Gericht würde sie jemals wegen dieser Untat verurteilen. Sie musste sich vor Niemandem außer sich selbst verantworten. Im Herzen der afrikanischen Wildnis gab es nur ein Gesetz: Töte oder du wirst getötet. Es war apokalyptisch. Stürzte Afrika in Agonie und sie half dabei?

Nach einem weiteren Fußmarsch von sechs Stunden erreichten sie in den frühen Morgenstunden des nächsten Tages das Camp der Soldaten. Aufgeregt lief ihnen der Kommandant entgegen und fragte atemlos nach dem Zustand der Mädchen. Alles war in Ordnung. Der Gruppenführer berichtete ausführlich, während die anderen Soldaten schon mit Kinshasa telefonierten, um den Rückflug zu organisieren. Die Wettervorhersage ließ auf ein baldiges Erscheinen der Propellermaschine hoffen.

Xenia erhielt die Mitteilung: Abflug am nächsten Morgen um 10.00 Uhr. Zur Feier der erfolgreichen Rückkehr der beiden Mädchen wurde ein Buffet von den Soldaten hergerichtet. Xenia genoss das frisch über dem offenen Feuer geröstete Schweinefleisch, lehnte aber beim Anblick des Tellers mit der bekannten grauen Masse dankend ab. Emilia lachte unerwartet schrill: „Ich habe recht, du bist kein Kind Afrikas." Die Mädchen wechselten ihre Kleidung, spielten mit den Soldaten Karten und Schach, gegen Abend zogen sie sich in ihr Zelt zurück und genossen den Komfort im Vergleich zu den Übernachtungen in den Baumkronen des Regenwaldes.

Xenia forderte ihre Schwester nochmals auf, sie nach Deutschland zu begleiten. „Wir beide haben eine Zukunft. Wir sind gesund, ich kann unser Studium finanzieren, denke an das schöne Haus, die vielen Möglichkeiten einer beruflichen Karriere. Mit achtzehn Jahren kaufen wir uns ein Cabriolet und verführen die Jungen aus der Nachbarschaft."

Emilias Augen wurden schmal und sie antwortete mit resoluter Stimme: „Ich will nicht zurück nach Deutschland, ich will kein Cabriolet. Einen Mann finde ich auch unter der Sonne Afrikas. Du kannst mich nicht umstimmen, ich gehe zurück in die Savanne und suche mir ein Dorf. Der General der Rebellen ist tot, sehr bald wird es einen neuen Anführer geben. Ich weiß nun mich und mein Dorf zu verteidigen; meine Familie wird niemals mehr von Rebellen ausgelöscht werden." „So soll es denn sein", sagte Xenia, bevor sich ihre müden Augen schlossen. Der neue Tag brachte den Rückflug nach Kinshasa. Die Mädchen betrachteten den Kongo weit unter sich und dachten an die erlebten Abenteuer, den geheimnisvollen Tempel, Huchanpetu, den Sieg der Waldelefanten über die mordgierigen Rebellen.

In Kinshasa wartete aufgeregt der Großvater auf die ankommenden Mädchen.

Glücklich schloss er sie in die Arme und überschüttete sie mit Fragen. Die Mädchen lächelten nur still und sagten: „Es ist geschafft." Im Hotel sortierten sie ihre Sachen. Der Großvater buchte den Rückflug nach Frankfurt. Der Abschied von Emilia fiel schwer. Beide Mädchen lagen sich weinend in den Armen. Plötzlich holte Emilia den kleinen Diamanten aus ihrer Brusttasche und sagte tröstend: „Deine Liebe wird immer bei mir sein. Wenn ich zu dir spreche, lege ich den Stein auf den Boden der Savanne und lausche dem Wind. Er wird mir verraten, ob es dir gut geht in der Ferne." Sie liefen gemeinsam die Treppen des Hotels hinunter, der Großvater folgte mit dem Gepäck. Vor dem Hoteleingang warteten zwei Taxis. Das eine für Xenia und ihren Großvater in Richtung Flughafen, das andere für Emilia in Richtung Savanne.

Während die Boeing 747-400 mit heulenden Turbinen vom Rollfeld abhob und Xenia suchend aus dem Fenster der Business-Klasse schaute, folgte weit unter ihr das Taxi mit Emilia der staubigen Strasse bis sie an einem Fluss in der Savanne abrupt endete. Dort verabschiedete sich der Fahrer von dem jungen Mädchen, wünschte ihr viel Erfolg und fuhr zurück nach Kinshasa. Emilia war allein. Ihr Besitz war ihre Erfahrung, ihre Jugend, ihre Gesundheit, die Schärfe ihrer Sinne. Sie peilte, den Instinkten folgend, die Sonne an und lief zielgerichtet durch die Savanne, vorbei an grasenden Antilopenherden, Nashörnern, Geparden und faulenzenden Löwen. Auf den Rücken hatte sie das Geschenk der Soldaten geschnallt, ein nagelneues Gewehr und zehn Magazine. In der Hand hielt sie einen kleinen Kompass. Sie lief in Richtung der aufgehenden Sonne mehrere Tage, schlief des Nachts auf Akazienbäumen, ernährte sich von Wurzeln und Baumrinde, die sie sorgfältig mit dem Bowiemesser abschälte. Nach vier Tagen erreichte sie das Ufer eines schmalen Flusses vor einem Felsplateau. Geschickt erklomm sie einen verdorrten Akazienbaum und schaute angestrengt in die Ferne. Was sie dort erspähte stimmte ihr Herz froh: Ein bewohntes Dorf. Emilia sprang in den Fluss, durchschwamm das warme Wasser mit schnellen Zügen und lief auf das Dorf zu. Kurz bevor sie die Mauer der Dornenhecken erreichte, wurde sie schon von mehreren Kindern begrüßt. Fröhlich winkten sie der Fremden zu und bewunderten ihre Ausrüstung. Sie wurde bis in die Mitte des Dorfplatzes eskortiert, dann verschwanden die Kinder beim Anblick der Ältesten. Emilia nahm Platz am Feuer und berichtete lange und ausführlich den herbeigeströmten Menschen über ihre Erlebnisse. Sie erzählte vom Treffen mit dem großen Medizinmann Huchanpetu im heiligen Bezirk des Nebelwaldes und äußerte den Wunsch, aufgenommen zu werden in diesem Dorf ihrer Wahl. Die Ältesten nickten zustimmend und wiesen einige junge Männer an, eine Lehmhütte für das neue Mitglied des Stammes zu errichten. Die folgende Nacht wurde getanzt an den hellen Feuern des Dorfes, erlagen seine Bewohner dem Rausch der afrikanischen Nacht, begleitet vom Grollen der mächtigen Mähnenlöwen und dem Keckern der umherstreifenden Hyänen.

Wild und ungezügelt folgte Emilia dem Rhythmus der Trommeln, stieß ihren neuen Speer in die heiße Glut, verfolgte raubtierhaft die jungen Männer des Stammes. Als die Sichel des Mondes im

Zenit stand, wurde ein Ochse geschlachtet. Sein warmes Blut wirkte wie eine Droge, stimulierte den Rausch der Sinne bis zum Anbruch des neuen Tages.

In Deutschland wurde Xenia freudig von der Großmutter, den Freunden und den Nachbarn begrüßt. Ein Schneemann mit roter Rübennase stand vor dem Eingang des Hauses. Doch Xenia wollte ihre Rückkehr nicht feiern. Sie bedankte sich bei allen für den freundlichen Empfang, lief zum Reiterhof und sattelte ihr geschecktes Pony. Schnell wie der Wind flogen beide über die weißen Wiesen und Felder, ritten bis zur Erschöpfung, rasteten schließlich an einem kleinen, gefrorenen Bachlauf. Xenia streichelte dem Pony über die heißen Nüstern. „Wir beide halten zusammen bis zum Tode", flüsterte sie dem Tier in die Lauscher. Xenia zitterte in der kühlen Winterluft, es waren gerade erst vierzehn Stunden vergangen seit sie den heißen Kontinent verlassen hatte. Frierend ritt sie zurück, brachte das Tier in seine warme Box und lief in ihr Haus. Die Heizung stand auf Automatik, 24°C, auch sonst dienten alle Einrichtungen der Bequemlichkeit, aber ihr Haus war leer und einsam. Keine Mutter, die ein Essen zubereitete, keine Schwester, die ihre Gefühle teilte. Xenia musste nun stark sein, um allein zu leben. Zwei Tage ließ sie verstreichen, um sich zu akklimatisieren; dann fuhr sie zu Prof. Sommer in die Klinik. Er war äußerst überrascht, Xenia wieder zu sehen und bedankte sich mehrmals für ihr Vertrauen. Noch einmal erinnerte er sich, dass ihre Mutter eine hervorragende Ärztin und ihr Tod eine schreckliche Tragödie war. Auf Xenias Bitte hin ordnete Prof. Sommer eine Blutanalyse verbunden mit einem HIV-Test an. Die Laborantin führte Xenia in einen kühlen Raum. Neben dem frisch bezogenen Bett stand ein Strauß violetter Orchideen aus holländischen Gewächshäusern. Eine Schwester entnahm Xenia die geforderte Menge Blut, brachte ihr einen großen Becher Apfelschorle und legte eine CD von Mozart zur Entspannung in das Abspielgerät ein. Nach zwei Stunden erschien Prof. Sommer mit seinem Ärzteteam. Er setzte sich auf das Bett des Mädchens, nahm ihre Hand und sagte: „Xenia, es ist einfach unglaublich; wir haben drei unabhängige Tests durchgeführt und jeder einzelne ergab HIVnegativ. Deine Blutwerte sind hervorragend, wir haben keine Antikörper nachweisen können, bitte erzähle uns von Afrika."

Den ganzen Nachmittag verbrachten die Ärzte an Xenias Bett und lauschten gespannt ihrer Erzählung. Eine Konferenzschaltung mit der zoologischen Fakultät der Humboldt-Universität in Berlin ergab, dass die von Xenia geschilderte Viper in Zusammenhang mit der Wirkung ihres Giftes nicht bekannt war. Den versammelten Ärzten lief ein Schauer über den Rücken. Irgendwo in den Regenwäldern Afrikas, am oberen Kongo-Fluss, existierte eine der Wissenschaft unbekannte Vipernart, deren Gift Wirkstoffe zur Bekämpfung des HI-Virus enthielt. Das war die Sensation des Jahrhunderts. Xenia hatte noch die Nacht Zeit, sich unter der Aufsicht des Klinikpersonals in ihrem Einzelzimmer zu erholen. Am nächsten Morgen überflutete die Presse das Klinikgelände. Ohne Rücksicht auf Patienten fuhren schwere LKW mit Satellitenschüsseln direkt in den Garten der Privatklinik.

Prof. Sommer erschien im weißen Zwirn als wäre er zu einer Art Guru aufgestiegen. Das Blitzlicht der Pressefotografen reflektierte tausendfach an den hellen Wänden des kleinen Zimmers. Xenia wurde gefeiert wie ein Popstar und Prof. Sommer war ihr Manager. Auf ihrem Nachttisch sammelten sich die Blankoschecks der Medienmogule für eine Exklusiv-Story, eine Kolonne von Kosmetikerinnen rückte an, um das Mädchen für das Fernsehen zu stylen. Ohne ihr Wissen wurde in Frankfurt bereits der Vertrag für das Chartern einer Lufthansa-Transportmaschine nach Kinshasa unterschrieben. Ein internationales medizinisches Expertenteam unter der Leitung von Prof. Sommer und Spezialisten für Schlangenarten der Humboldt-Universität Berlin, sollten innerhalb der nächsten 24 Stunden an den Kongo aufbrechen, um die unbekannte Vipernart zu finden. Schwere LKW schoben Kisten mit moderner wissenschaftlicher Ausrüstung in den Bauch des Flugzeugs. Ein kurzes Telefonat mit dem Verteidigungsminister ergab die Zusicherung, dass eine voll ausgebildete Kampfeinheit der Bundeswehr die Expedition begleiten würde. Xenia brauchte fünftausend Dollar, um an den oberen Kongo zu fliegen und mit den afrikanischen Soldaten in die Wildnis aufzubrechen. Das Budget dieser neuen Expedition war unbegrenzt. In den fensterlosen Kellern der größten Druckereien Deutschlands wurden die Maschinen gestoppt. Per Satellitenübertragung fütterten Medienmogule die Computer der Druckmaschinen mit den neuesten Daten. Schon erschien Xenias Kopf auf den Titelseiten aller Boulevardzeitungen, im Hintergrund das Phantombild einer schwarzen Viper. Überdimensional die Überschriften: Unbekannte Vipernart besiegt AIDS.

Schwestern hielten Prof. Sommer mehrere Telefonhörer hin, er sprach gleichzeitig in die verschiedenen Hörer, multilingual, seine Sätze überschlugen sich, es war sensationell, was er der Weltöffentlichkeit mitzuteilen hatte.

In den Hinterzimmern der Privatklinik wurden Verträge für eine umfassende Modernisierung des Gebäudekomplexes unterschrieben. Irgendwann, zwischen allen Gesprächen und Interviews klingelte der Telefonapparat auf Xenias Nachttisch. Das Mädchen nahm den Hörer ab. Am Apparat ertönte die sachliche Stimme der Schwester von der

Klinikrezeption: „Gespräch aus Kinshasa auf Leitung, wir verbinden sie." Xenia schluckte, wurde unruhig und wartete auf die Stimme des Anrufers. Es war der Stammeshäuptling aus der amerikanischen Botschaft. Hastig klang seine Stimme: „Xenia, Rebellen haben die Leiche des ermordeten Generals gefunden. Sie haben daraufhin den heiligen Tempel zerstört, Huchanpetu an einem Ast aufgehängt, viele Dörfer dem Erdboden gleich gemacht und zahllose Waldelefanten getötet. Die Regierung hat den militärischen Ausnahmezustand über das betroffene Gebiet verhängt. Xenia was habt ihr nur getan, hier bricht alles zusammen." Dann hörte sie einen Schuss am anderen Ende der Leitung. Sie zuckte zusammen und ließ den Telefonhörer fallen.

Zwanzig Jahre später

Xenia sitzt auf ihrem gut gepolsterten Sessel aus weißem Büffelleder und nimmt die silberne Fernbedienung in die Hand. Per Knopfdruck reguliert sie den Gasanteil und damit Lichteinfall ihrer großflächigen Fenster in einem Tower in Manhattan, hoch über den Strassen New Yorks. Ihr klimatisiertes Arbeitszimmer reicht über die gesamte Etage. Auf dem Schreibtisch aus poliertem Nussbaumholz steht eine afrikanische Vase mit 36 gelben Rosen. An den Wänden hängen Gemälde von Paul Klee und Paul Cezanne. Sanft streichen ihre Hände über eine Titantafel mit der Aufschrift: Future & Science Pharma AG. Sie blättert in Gedanken versunken den überfüllten Terminkalender durch. Nach kurzer Pause nimmt sie den Telefonhörer in die Hand und spricht mit befehlender Stimme: „Meinen Wagen in zehn Minuten."
Xenia schreitet zum noblen Kleiderschrank und streift sich einen sibirischen Zobelmantel über die Schultern. Wenig später betritt sie ihren verglasten Privataufzug, um in die klimatisierte Tiefgarage

zu fahren. Dort wartet ein gepanzerter Mercedes Maybach auf seine Besitzerin. Sie trinkt ein Glas gekühlten Champagner aus der Minibar, während ihr Chauffeur das schwere Fahrzeug sicher durch die Straßen New Yorks dirigiert. Nach zwei Stunden Fahrt erreicht sie ihre Villa auf Long Island. Das Objekt ist von vier Meter hohen Mauern aus poliertem Naturstein eingeschlossen. Beim Passieren der schweren Schranken wird das Fahrzeug von zwölf Kameras gefilmt.

Der Chauffeur parkt neben einem großen Brunnen, aus dem sechs marmorne Büffel das glasklare Wasser aus den Nüstern in den Himmel blasen.

Kaum öffnen die Elektromotoren des Maybach die schwere Wagentür, läuft ein kleines Mädchen mit blonden Locken und blauen Augen auf Xenia zu. „Oh, Mama, ich hab' dich lieb", flüstert sie. Xenia nimmt ihr Kind auf den Arm und küsst es lange. Langsam schreiten Mutter und Tochter die schweren Marmorstufen ihrer Villa empor. Kurz bevor Xenia den Eingang erreicht, blickt sie sich um und schaut zum Horizont des Atlantischen Ozeans. Sie denkt einen Moment an ihre Schwester Emilia, die jenseits des großen

Meeres in der heißen afrikanischen Savanne lebt. Wie wird es ihr wohl ergehen? Ob sie ihre Liebe gefunden, ein Kind geboren und den Übergriffen der Rebellen getrotzt hat?

Xenia schaut in Gedanken versunken auf ihre Tochter, streichelt die zarten Wangen, betrachtet schweigend den Diamanten, der in den rechten Nasenflügel ihrer Tochter hineinoperiert war und einen Satellitensender enthielt.

Dann schließt sie kurz die Augen und verschwindet mit ihrer Tochter in der Dunkelheit der prächtigen Villa.

Ebenfalls von Wolfgang Knopf
im gleichen Format erschienen,
aber mit über 50 farbigen Abbildungen:

Wolfgang Knopf

Andy und Winnie

Abenteuer unseres Lebens

216 Seiten
11,5 x 18 cm
€ 9.95
ISBN
3-937034-77-3

Die ungewöhnlichen
Erlebnisse
zweier Hunde,
deren Streben
nach Freiheit
sie alle Strapazen der Wildnis vergessen lässt.
Ihr Weg führt sie von den lieblichen Buchenwäldern Norddeutschlands über das wilde
Sibirien zu den schroffen Tälern des Felsengebirges im Norden Amerikas. Sowohl bei den
Ewenen als auch bei den Indianern erleben
Andy und Winnie alle Spielregeln des
Zusammenlebens von Mensch und Tier. Eine
hinreißende Erzählung, die nicht nur Tierfreunde anspricht.